죽고 싶은 아이들을 살리기 위해서

죽고 싶은 아이들을 살리기 위해서

발행일   2021년 9월 3일

지은이   유규진
펴낸이   손형국
펴낸곳   (주)북랩
편집인   선일영   편집   정두철, 배진용, 김현아, 박준, 장하영
디자인   이현수, 한수희, 김윤주, 허지혜   제작   박기성, 황동현, 구성우, 권태련
마케팅   김회란, 박진관
출판등록 2004. 12. 1(제2012-000051호)
주소   서울특별시 금천구 가산디지털 1로 168, 우림라이온스밸리 B동 B113~114호, C동 B101호
홈페이지   www.book.co.kr
전화번호   (02)2026-5777   팩스   (02)2026-5747

ISBN   979-11-6539-952-8 03330 (종이책)   979-11-6539-953-5 05330 (전자책)

(주)북랩 성공출판의 파트너

북랩 홈페이지와 패밀리 사이트에서 다양한 출판 솔루션을 만나 보세요!

홈페이지 book.co.kr   •   **블로그** blog.naver.com/essaybook   •   **출판문의** book@book.co.kr

작가 연락처 문의 ▶ ask.book.co.kr

작가 연락처는 개인정보이므로 북랩에서 알려드릴 수 없습니다.

청소년 자해와
자살 예방 감시방법론

죽고 싶은 아이들을
살리기 위해서

유규진 지음

북랩 **book** Lab

머리말

―――

'자살'이라는 두 글자에서 무슨 생각이 드는가?

더 이상 살아갈 용기가 없어서, 무기력감이 커서, 부모와의 갈등으로써, 친구 등 누군가의 배신으로써, 무수히 많은 이유에서 청소년이 자살을 생각한다. 그래서 자살 원인을 파악하기보다는 전체적인 틀에서 우리 사회가 어떤 노력을 할 것인지의 답이 있어야 한다.

사회적으로도 청소년의 자해 문제에 관심이 많고, 자살을 줄이기 위한 다양한 노력들은 계속되고 있다. 노력에 노력으로 거듭되고 있는 우리 사회에서 예방을 위해서 필요한 것이 무엇인지를 고민해 보았다.

이런 고민 끝에 『세상에서 가장 슬픈 청소년의 자살 실태 이야기』를 2020년에 출간했고, 이번에 두 번째 책을 출간하게 되었다. 청소년의 자해와 자살의 사례를 통해서 우리 사회의 현실을 돌아보는 계기가 되고, 자녀를 둔 모든 부모와 학교, 사회에서 많은 관심을 가지기를 바란다.

여기에서 자해와 자살은 왜 하는지, 하나의 가설을 전제한다. 자해는 자살의 위험 요인이다. 자살을 줄이려면 자해부터 해결되어야 한다. 이에 대한 검증은 여기에 기록한 사례를 통해서 알아보자.

자살 분야를 다루는 것은 상당히 민감하다. 그래서 어디서부터 어디까지 써야 하는지 많은 고민을 했다. 이러한 고민 끝에 자해는 왜 하는지, 자살에 이르는 과정에서 보이는 행동을 암시예시로 다루었다.

청소년의 자살을 예방하고 있는 각 분야에 있는 사람과 자녀를 둔 부모가 자해를 왜 하는지를 알아차림으로써, 자살 예방 교육에 참고해 주었으면 한다. 또한 이것을 통해 자살 예방에 한 걸음 더 나아가는 밑그림이 되기를 바라는 마음이다.

실무 위주로 써서 이론에 깊이 있는 분들과는 다소 생각이 맞지 않을 수 있다. 다른 부분을 지적해 주시면 겸허히 받아들여 생각의 폭을 넓히는 기회로 삼겠다.

끝으로 책을 두 번째로 출간해 주신 북랩 출판사와 편집장님, 부족한 저를 옆에서 응원해 준 여러 지인분들, 그리고 소중한 생명을 살리는 데 노력해 준 경찰청 소속 모든 경찰관분들과 119 구급대원분들에게 감사의 말씀을 전합니다.

그리고 이번에 제10기 국민 추천 국무총리 표창이라는 큰 상을 수여해 준 행정안전부 상훈담당자님과, 국민 모든 분들에게도 감사의 인사를 전합니다.

이 책이 자살 예방의 하나의 획기적인 서적으로 기록되기를 바라는 마음이다.
그리하여, 죽고 싶은 아이들을 단 한 명이라도 더 살릴 수 있기를.

낙성대 집에서
유규진

목
차

🖥 자살자 신고 표본

♠ 표본 일자

    지금까지 약 1만여 명 이상을 신고.[1] 이번 책에는 2021년 1월 1일부터 2021년 7월 7일까지 총 1,144번의 신고 건 중에서, 청소년 신고 약 800여 건 중 472건을 기록했다(경찰청 정보 공개 자료). 사례 예시마다 코드가 있으며, 초등학생은 '!', 중학생은 '@', 고등학생은 '#', 청소년 추정을 '$'로[2] 표기했다. 그 뒤에 붙어 있는 알파벳과 숫자는 원문 자료가 저장되어 있는 파일명이다.

    표본 통계

    초등학생: 47명

---

1)   한 명을 구조하는 것은 그 주변의 유가족 및 친구, 지인 등의 죽음을 막을 수 있는 결과가 있게 되는 만큼, 감시단 신고 건은 직전 연도의 자살률에 어느 정도 기여한 것인가를 알 수 있다.
2)   암시자의 계정 공간 등에서 연령이 특정되지 않지만, 청소년으로 추정되는 사진과 글 등이 발견되었을 때 청소년 추정으로 신고한다.

   죽고 싶은 아이들을 살리기 위해서

중학생: 111명

고등학생: 186명

청소년 추정: 128명

♦ 표본 공간 등

'인스타그램, 트위터, 페이스북, 국내 인터넷 커뮤니티, 텔레그램, 오픈방' 등 모든 공간에서 암시를 보인 자를 대상으로 했다. 글쓴이가 업로드한 글, 그림, 사진, 영상, 닉네임 등에서 자살 암시를 찾아서 감시한다. 그것이 단문일 수도, 장문일 수도 있고, 여러 번 나누어서 작성된 것이다. 특히 단문은 '왜?'라는 의문점을 시작으로 다양한 감시 기술을 동원했다.

♦ 암시 글 발견 후 신고

암시 글을 작성 후 빠르면 5분~2시간 이내, 또는 4시간 이내에 신고하는 경우가 많았다(단 24시간 이내 발견 시 생존이 고려되면 신고한다).

⬤ 표본 연령 및 자해 정도

연령은 11세부터 19세까지를 대상으로 하며, 표준 100% 중에서 초등학생은 약 10%, 중학생이 약 40%, 고등학생이 약 50%다. 자해자는 표준값에서 약 60~70% 정도다.

⬤ 연령별 가장 큰 자살 원인

초등학생은 '부모와의 갈등'이었다. 부모의 사랑에 대해 많은 오해가 생겨 "나를 좋아하지 않는다, 사랑하지 않는다."라면서 부모가 자신에게 한 행동에서 많은 불안감을 호소하고, 사춘기와 정신적 우울증을 자각해서 혼동했다.

중·고등학생은 시험 기간 전에 많은 스트레스를 받는 등 학업 관련 이유가 대표적이었다.

⬤ 특징

초등학생은 자살 방법을 선택할 때 생명의 단절에 대한 두려움보다는, "안 아프게 죽는 방법, 덜 아픈 방법, 아픈 것 싫은데…"라며 결행 중에 느낄 고통의 두려움을 감소시키기 위한 방법을 알아

보고 있었다.

중·고등학생은 기말고사에서 목표에 맞는 시험 점수를 달성하지 못할 때를 대비해서 미리 유서를 작성하기도 했다.

초·중·고등학생 모두 가정과 학교 폭력, 무기력감이 두드러지게 나타났다.

♦ 암시 글 발견 시간

암시 글은 주야를 구분하지 않으나 오후 10시부터 새벽 4시 사이에 많이 발견되었다.

Part 1

책을 시작하면서

◆ 필자의 삶 ◆

강의 시 자살 감시를 하게 된 배경을 많은 사람들이 궁금해했다. 삶은 어떠했고, 자살자 신고 시 애로점과, 그 이후의 감시단이 정착하게 된 배경을 설명해 보겠다.

초등학생 때부터 신문 배달 일을 하고, 중·고등학교 시절에 시민 단체에서 모니터링 활동을 했다. 당시 인터넷 범죄에 관심이 많았다. 그래서 인터넷에서 이루어지는 강력 범죄를 추적해서 제보했다.

그것이 계기가 되어서 군 제대 후 서울의 목동운동장 안에 있는 단체에서 일했다. 단체가 어려워서 수입은 없었다. 주말에는 틈틈이 근처에서 아르바이트를 하면서 생활비를 벌었다.

사이버 범죄 단속에 일조하는 데 노력했고, 다양한 공적을 이루었다(국내 최초 전자 상거래 쇼핑몰 업체 구속, 공문서 위조자 구속, 지능 경제범 구속 등).

그런데 단체성 성격이 아닌, 개인적으로 어려운 사람들을 돕고 싶어서 단체에서 나왔다. 당시 가진 돈은 900원이 전부였다. 목동 운동장 부근 등나무에서 그 돈으로 초코파이를 사 먹고, 목이 메어서 수돗물을 마셨다. 구인 구직 정보지를 보고 근처의 아르바이트를 찾았다.

그리고 선릉역에 있는 용역 회사에 가서 일하고, 충정로에 있는 고시원 총무로 일했다.

그곳에서 정의를 실천하기 위해서 노력했다. 인터넷 사이버 범죄의 정보를 공개하면서 수사 정보를 제공하는 인터넷 알람사이트인 '아이폴', 법률적 정보를 공유하기 위한 '법률 스터디' 사이트, 강력 범죄 피해자들을 돕고자 '강력 범죄 피해자들의수호천사 카페'를 각각 운영했다.

그리고 2006년경 사이버 범죄 기법을 자료화했다. 다양한 사이버 범죄들이 있는데, 자살 사이트의 실상도 포함되어 있다. 그리고 언론에서 사이버 수호천사와 사회 정의 활동, 공익 활동가로 알려졌다.

2004년경에 정부의 산하기관에서 근무했다. 그 무렵 '060'이 문제가 많았다. 남녀 이성 폰팅이다. 30초에 500~700원으로, 청소년과 정신적 문제가 있는 장애인에게까지 많게는 수천만 원까지 피해를 입혔다.

그래서 이것을 집중해서 파악한 끝에 각각의 통신 사업자별로 수익금을 분배하면서 알바를 채용한 사실을 알아냈다. 즉, 사기성이 엿보였다.

서울 일대에서 최초 수 명이 구속된 것을 비롯해서, 각 기간 통신 사업자들을 사기 방조죄로 검찰에 진정을 내고, 법원에 남녀 이

성 매칭 통신 금지 가처분 신청서를 제출했다. 그러면서 언론에 대
대적으로 알려졌고, 피해자들 중 대부분이 보상을 받는 등 결국
남녀 이성 매칭 사기는 중단되었다. 이렇듯 저자는 다양한 정의 활
동을 추구했다.

✦

자살 감시방법론 등장 배경

✦

자살 사이트에서는 사람들과 대화하면서 "힘내요.", "살아라." 하면서 수많은 사람들과 통화했다. 당시 자살 동기는 매우 다양했다. 지금도 기억나는 것이 "몸이 뜨거워서 죽는다."라던 한 여성이다. 한약을 지어 먹었는데 그때부터 몸 안이 너무 뜨겁다고, 병원에서도 원인이 안 나온다는 것이다…. 또 다른 자살자는, 자신이 여자인데 목소리가 남자 같아서 죽는다고 했다.

그렇게 해서 자살자들에게 삶의 용기와 희망을 주었다. 자살자들에게 "살아라.", "죽지 말라." 하고 말하는 것은 무의미했다. 그래서 '감시 구조'를 만들었다. 자살 직전에 있는 사람이거나, 동반 자살하려고 결성 중이거나, 합류하는 장소를 알아내서 경찰에 신고했다.

그런데 시민의 한 사람으로서 자살자를 위해 할 수 있는 것이 별로 없었다. 그 과정에서 정말 많은 일들이 있었다. 그래서 신고의 명분을 만들기 위해서 지금의 감시단을 만들었다.

중고차를 구입해서 장비를 싣고 다녔고, "생명은 소중합니다."라는 문구를 붙이면서 생명 캠페인을 했다. 차량 안에는 노트북, 태

블릿, '공폰' 두 대, '실폰' 두 대, 망원경이 있다.

　신고를 하는 데 애로점은 당연히 있었으며, 자살 중이거나 자살 직전에 있는 사람들을 특정하는 일과, 신고 내용 정리, 결행할 사람인지 아닌지를 확인하는 과정, 그리고 동시에 여러 건을 신고해야 하는 등 힘든 점은 많았다.

　그래서 야간에 맨발 산행을 했다(수십 킬로 자갈밭을 고통을 참고 밟으면서). 어떻게 살려야 하지? 라는 생각을 하면서 말이다.

　자살을 줄이기 위해서 자살 감시를 마련했고, 먼저 성인과 청소년의 동반 자살의 맥을 끊기 위해서 노력했다. 그리고 청소년 자살을 줄이기 위해서 집중 감시와 신고를 했다.

　이러한 자살자 신고 과정에서 알게 된 문제들을 정리해서 법 개정을 촉구했고, 지금은 많은 변화가 생겼다. 그 결과, 감시단에서 지금까지 수많은 사람들을 구조했다.

궁금점
Q&A

많은 독자들이 감시단에 대해서 주로 물어보는 것들을 정리해 보았다.

Q. 감시단은 누가 운영하나.

A. 필자 혼자다.

Q. 혼자서 어떻게 감시하나.

A. 자살자들이 움직이는 시점에 집중적으로 감시하고, 틈틈이 감시를 한다.

Q. 본래 직업은 무엇인가.

A. 직업은 변호사실 사무직원이다. 본업을 하면서 생명을 살리기 위한 감시 기술을 통해 신고 활동을 하고 있다.

Q. 감시단은 지원을 받나.

A. 일절 받지 않는다.

Q. 감시단은 상담도 하나.

A. 감시단은 결행할 사람만을 선별적으로 찾아내서 신고 후 대상자 특정 전까지(구조 전까지)만 관여한다. 즉, 상담은 하지 않는다.

Q. 감시단의 최종 목표는 무엇인가.

A. 『감시방법론』이라는 책을 만들어서 전 세계적으로 이를 알려서 자살을 줄이는 데 보탬이 되고자 한다.

Q. 신고 대상자는 누구인가.

A. 자살 암시자들이다. 즉 유서가 발견된 때, 마지막 글, 결행 중, 결행 전날, 결행일이 지정된 때, 동반 결성 중인 때 신고한다. 다만 대상자가 삶에 대한 의지를 보인 경우[1] 신고에서 배제한다(원칙).

Q. 자해자도 신고 대상인가.

A. 많은 청소년들이 자해를 한다. 그중에서 차마 눈 뜨고 볼 수

---

1) 자살은 본인의 의지가 제일 중요하다. 즉 병원에 입원시켜도, 수시로 가족들이 감시해도 본인의 의지가 자살을 선택한다면 끝내 그 선택에 이른다. 그래서 생존 의지로 '다시 힘내 보자, 난 할 수 있어, 이겨 내 볼 거야, 한 번 더 용기내 볼 거야.'라는 등 생존 의지를 보이면 신고 대상에서 배제한다. 그런데 생존 의지가 약하거나, 그 힘든 사실을 보호자가 전혀 알지 못하고 자녀가 숨기고 있는 채로 아슬아슬한 죽음의 기로에 서 있는 때는 신고 대상이다. 다만 이때는 경찰이 직접 요구조자要救助者를 만나지 않고 부모와 상담하면서 부모로 하여금 생존 의지가 일어나도록 돕고 있다.(예: 감시자의 신고로 경찰이 보호자에게 해당 사실을 알린다. 신고된 사실을 자녀에게는 알리지 않은 채, 보호자로 하여금 생존력을 키워 주도록 하는 것). 이렇듯 신고는 생존 의지 정도와 가족 간 갈등 및 다른 요인까지 고려해서 결정한다.

없을 정도의 끔찍한 자해 사진도 많다. 그러나 자해는 그들의 치료 과정 중에 보이는 현상이거나, 극복하는 과정으로서 자해만으로는 신고하지 않는다.

Q. 감시를 구체적으로 어떻게 하나.
A. 감시 방법은 자살자들을 선별하는 방법론이다. 이를 구체적으로 말하기는 어렵다.

Q. 감시하는 데 힘들지 않나.
A. 잠이 부족해서 힘들다.

Q. 자살자만 찾아내는 것이 쉽지는 않을 텐데 트라우마는 없나.
A. 하나님에 대한 믿음을 통해 기도하고, 명산을 돌아다니면서 맨발(야간) 산행으로 이겨 내고 있다.

자살 예방 상담은 죽을 생각을 가진 사람이 자살 생각에 따른 결행에 이르지 않도록 하는 것이라면, 자살 감시는 자살 예방 상담을 포기한 자살 위험군 및 결행을 다짐하면서 결행 직전이거나 결행 중인 사람만을 찾아내기 위한 것이다. 그리하여 신고로 그의 주위 사람들을 통해 그에게 다시 한번 살 수 있는 기회를 주기 위한 것이다.

Part **2**

자살 감시방법론 이해

자살 예방 상담과의 차이

암시예시를 통해서 자살 예방 상담과 감시방법론에 따른 감시자의 차이를 알아본다.

청소년이 커뮤니티에 하나의 글을 올렸다.

> 내가 어린데 가출해서 밖에서 돌아다니다가 죽으려고 하는데, 내가 죽고 나서 내가 누구인지 증명할 물건(학생증, 휴대폰 등)이 없으면 경찰도 내가 누구인지 모르겠지. 그럼 가족들에게도 연락도 안 가고 가족들이 내가 죽었는지 모르겠지. 바다 보고 싶은데 돈이 얼마 없어서 걸어가야 되는데, 제일 가까운 바다가 몇십 킬로인데, 걸어갈 수 있을까.(@C-00)

가출 후 자살을 고민하는 글이었다. 이에 상담 기관에서 답변을 했다.

> 몇 가지 질문을 하셨는데, 답을 해 드릴게요. 부모님이 가출 신고

를 하실 테니까 금방 발견할 거예요. 그리고 걸음 속도에 차이가 있을 텐데 많은 시간이 걸릴 것 같아요. 도움이 필요하면 생명의 전화에 요청하면 돼요.

이에 감시자의 입장에서는 '죽을 사람인지'만 판단하고, 신고에 필요한 정보만 확인해서 즉시 신고 후 구조 조치를 취한다.

이렇듯 자살 예방 상담은 인터넷 및 SNS에서 보이는 자살 위험자에 대한 긴급 조치에 있어서, 상담을 우선시하는 경향이 짙다.[2] 그런데 감시자는 신고 대상을 선별해서 즉시 선 구조, 후 상담이 가능하도록 한다.

---

2) 자살 암시를 보인사람에게 기관에서 상담을 권유하는 글을 적었고, 이에 글쓴이는 "광고하려고 애를 쓰네요 선택했습니다. 안녕히 계세요."(@C-152 관련)라는 글을 적음.

상담은 자발적, 감시는 살 기회 부여

자살 예방은 상담 위주로 사전 예방이 중요하다. 그런데 이것은 자살자가 자발적일 때 가능하다.

알다시피 자살은 본인의 의지로 결정, 상담을 중도에 포기하거나, 상담의 문턱에 들어서지 않으면서 생을 마감한다. 그래서 자살 위기에 있는 사람들을 찾아내는 자살 감시의 방법이 필요했다. 이 것은 정말 결행할 사람과 결행 위기에 있는 사람을 찾아가는 예방법이다.

SNS 및 인터넷에서 암시 글을 찾아내는 것은 생명을 살리는 데 매우 중요하다. 이런 의미에서 감시는 자살자에게 다시 한번 살 수 있는 기회를 준다. 그런데 무한정으로 감시 범위 내에 포함시킬 수는 없으므로, 하나의 조건이 전제된다.

감시자가 관여하지 않으면 그는 곧 죽는다.

여기에서 "곧"은, 그가 글을 올리면서 예정한 자살 시점, 또는 지금 당장, 단기간 이내에 결행할 경우를 말한다.

감시 방법에 따른 감시 기법

감시방법론에는 다양한 이론이 등장한다. 물론 이 이론은 소중한 생명을 살려 내기 위해서 감시자가 만들어 낸 이론이다.

먼저 '기피 이론'이 있다. 죽음과 자살, 장례와 관련해서 글을 적는 사람이 누군가가 자신의 암시 글을 보고 알아차릴까 봐, 이를 피하기 위해서 우회적으로 글을 쓴다는 것이다.

주인공인 자신을 마치 제3자인 상대인 것처럼 표현한다. 기피 이론으로 접근할 때에는, 글을 쓴 의도를 기다림을 통해서 '타인이 그 글에 보인 반응에 대해 글쓴이가 어떠한 답을 보이는가'에 따라 신고 여부가 결정된다.

그리고 글쓴이가 쓴 글이 암시인지를 판단하기 위한 '암시 이론'이 있으며, 그것의 신고 여부를 최종 결정하기 위한 '결정 이론'이 있다. 그 외 감시방법론에서는 다양한 이론을 만들어 내고 있다.

여기에서 기피 이론의 예시들을 보자(#C-00-1, $C-00-2, #C-00-3).

순전히 궁금해서 그러는 거니까 질문에 답변 부탁해요, 제가 그런다는 게 아니라 그냥 궁금해서 물어보는 거예요.

- 미성년자가 집 안에서 자살하면 집값이 떨어지나요?
- 미성년자가 죽으면 학교에도 알려지나요?
- 미성년자가 자살로 죽으면 가족이 아동 학대로 잡혀가나요? 유서로 죽는 이유를 적었는데도 그런가요?
- 휴대폰 초기화시키고 죽으면 신원을 찾는 속도가 느려지나요?
- 미성년자가 자살로 죽으면 화장하나요? 3일장 치르나요.
- 미성년자가 자살로 죽으면 경찰이 학교 와서 조사하나요.
- 미성년자가 자살로 죽으면 부모가 받게 되는 처벌이 있나요.
- 만약 유서에 장례식 원하지 않는다고 하면 장례식 안 하나요.
- 자살하면 휴대폰 검사해서 번호 목록에 있는 사람한테 부고가 가나요.
- 고등학생인 자식이 극단적 선택으로 사망해 부모보다 먼저 하늘나라 가면 불효인가요.
- 유가족은 주변 사람과 자기 친척에게 왕따를 당하거나 명절에 초대를 안 하나요.
- 자살귀 붙으니 모임에 참석하지 못하게 하나요.
- 자살해도 장례식은 하나요.

혹시나 해서 말하는데 죽으려고 그러는 거 아니에요.($C-243)

위와 같이 자신의 이야기임을 숨기면서 마치 그냥 궁금해서 물어본다, 타인이 궁금해한다 하는 식이다. 이때 그가 궁금해하는 이유를 확인하기 위해서 잠시 기다리면, 그 글이 자살하기 위한 하나의 '기피 이론'에 해당하는 글인가 답이 나온다.

> 타 지역 바다에서 자살하면 부모님이 벌금 내거나, 아파트에서 자살해도 부모님에게 피해가 가나요.($C-00-4)

마치 무언가 궁금해한 것처럼 글을 적었다. 이것은 기피 글이라서 반응을 지켜봐야 한다. 즉 잠시 기다림을 통해서 그가 적은 글의 의도를 확인한다.

타인이 해당 글에 대한 답글을 적은 것에 글쓴이가 또다시 답글을 적으면서 릴레이로 궁금증을 풀어 가고 있었다. 그런데 기피한 것이, 자신의 암시 글인 것으로 의심할 만한 단서가 발견되었다. 그 글은 "그럼 제가 자살해도 저희 부모님은 아무런 영향 없는 거죠?" 결국 기피한 것은 자신을 가리킨 자살 암시였다.

이렇게 잠시 기다림을 통해서 암시 글이 발견 되기도 하나, 그 글 자체와 글쓴이의 상식적인 글에서 발견될 때가 있다.

> 궁금해서요. 밧줄은 어디서 파나요? 번개탄 경우에도 제 주변에 파는 곳이 없어서요.($C-00-5)

마치 궁금해서 글을 올린 것처럼 보인다. 그런데 밧줄과 번개탄은 자살 도구이며, 번개탄을 구입하려고 한 움직임이 보이는 글이다. 특히 '밧줄과 번개탄의 구입 경로'는 성인이라면 누구든지 알 수 있는데 이러한 구입처를 알지 못하는 것은 나이가 어린 청소년일 가능성이 높다. 특히 이러한 기피 암시들은 주로 밤에 올라온다는 점에서 의의가 크다.

☔ 감시 방법은 자살을 줄이는 기술

자살 예방은 자살 암시 및 자살 위험자의 글이 발견된 때 글쓴이의 마음을 되돌리기 위해서, 자살을 하지 못하도록 다양한 상담 방법을 동원한다. 그런데 자살을 계획한 사람들의 대부분은 '결행할 마음을 확고히 한' 사람들이라서 자발적 상담을 기대하기 어렵고, 다른 사람들의 위로 글을 통해서 결행이 중단되기도 어렵다.

그래서 자살 예방은 결행 예정자를 구조하고 안전을 확보한 상태에서 상담으로 진행되어야 하는데, 그러기 위해서는 자살 감시라는 하나의 기술이 필요했다.

이러한 자살 감시는 극단적 선택을 할 사람들에게 매우 중요하다. 어느 나라이든 간에 자살 예방을 위한 조치로 상담이 필요함은 안다. 그런데 상담을 포기한 사람이거나, 상담 문턱에 들어서기 전에 또는 상담을 받는 척하면서 자살을 계획 중인 사람은 그대로 방치되면서 생명을 버린다.

이것은 글의 전체적인 분위기와 환경에서 그것을 암시로 볼 수 있는가를 판단한다.

저 오늘 죽어요.

위 글의 글쓴이가 타인의 힘내라는 글에 일일이 답변을 단다면, 그 사람은 힘을 달라는 의도에서 글을 적은 것이다. 위 글을 쓴 이유는 '저 오늘 죽고 싶을 정도로 힘들다. 그러니 위로해 달라.'라는 것이다. 그런데 타인의 글에 일절 답이 없이 시간이 멈춘 상태라면 자살 암시다. 이렇듯 자살 암시로 판단하기 위해서는 그 글 자체만이 아니라, 그 글의 전체 분위기와 그 이후의 움직임까지 확인해야 한다.

저 지금 줄로 목매고 있어요.

위 글은 현재 결행 중임을 암시한다. 그런데 목맴 중인 사람이 글을 적을 시간이 있을까? 그리고 결행을 한다는 것은 모든 것을 내려놓고 죽음을 기다리는 것인데, 결행 중에 글을 적을 만한 마음적 여유가 있을리가 없다.

그래서 자살을 실행 중이라는 글을 보았을 때에도, '마음적인 여유'를 보이는지를 살펴봐야 한다. 만일에 글을 쓰고 더 이상의 반응을 보이지 않는다면(흔적이 없으면), 위 글은 '불완전 목맴을 시도 중이거나, 완전 목맴을 시도하기 직전의 모습'일 수 있다.

여기에서 신고 시점을 결정하려면, 과연 위 글을 쓰고 글쓴이가 여유를 보이는가를 확인해야 한다. 가령 대화를 시도했는데 반응을 보인다든지, 계정이 계속 활성화되면서 친구 추가가 늘어나거나, 리트윗하는 게시 글이 발견된 때, 다른 사람과 소통하는 흔적이 발견된 때, 마음적인 여유가 있음이다.

그런데 만일 위 글을 어떠한 곳의 자신의 비공개 계정에서 적었을 경우, 올린 곳의 게시물의 성격과, 공간, 게시물을 주로 활동하는 목적 등을 판단해서 위험성 여부를 판단한다.

감시 기술은 결국 '죽을 사람만 찾고, 죽지 않을 사람을 구분하기 위한 방법'이다. 알다시피 SNS 등에는 수많은 사람들이 "죽을래.", "죽고 싶다."라는 등 죽음을 암시하는 글을 무수히 많이 올린다. 그래서 그 글 중에 누가 자살할 사람인가를 찾아내는 것은 중요하다.

하나의 사연을 적어 본다. 그 사람은 성인이었다. 많이 알려진 대교에서 투신할 것을 암시했다. 경찰에 출동을 요청하는 동시에 감시자도 현장으로 갔다. 투신할 자를 찾아야 하는데 신상 정보를 전혀 몰랐다(성별, 연령 등 일체의 정보). 그곳에 자전거를 끌고 가는 사람, 연인 간에 걷고 있는 사람, 운동하는 사람, 걸어다니는 사람 등 많은 사람들이 대교 부근을 지났다. 그런데 그때 성인 남자가 지나가는데 이 사람이 투신할 사람으로 보였다.

경찰에게 저 사람이라고 알려 줬고, 경찰은 어떻게 아냐고 물었다. 우선 저 사람이니 확인해 달라고 했고, 그 남자와 대화하더니 아니라고 답했다.

죽을 사람이 죽는다고 하겠느냐며, 저 사람이니 막아 달라 했고, 결국 경찰이 좌우로 투신 공간을 막고 그 사람과 대화한 끝에 투신하려는 사람이었음이 확인되었다.

당시 그 사람이 앞을 지나가는데 한 손에 헌 종이 가방을 들고 있었고, 얼굴에 죽음의 그림자가 그려진 듯 보였다. 이것은 지금까지 죽을 사람만을 찾아내면서 습득한 느낌, 실제 결행 직전에 그들이 보여 온 행동과 모습 등을 통해서 알게 된 것이다.

정말 투신할 사람은 전혀 티를 안 낸다. 그래서 낮에 사람이 많은 곳에서 투신하기보다는 밤늦은 무렵까지 기다리다가 조용히 결행한다. 또는 낮에 사람이 많이 다니는 대교라도 누군가 자신을 발견하지 않을 때 즉시 투신하지, 누군가 이를 목격해서 설득이 될 정도까지 시간적 여유를 두지 않는다.

낮에 대교 앞에서 투신하려는 사람이 보여서 그 사람에게 "그러지 마세요. 살아 보세요."라는 말로서 결행이 중지된 때 이것은 그렇게 해 주기를 원했던 사람일 수 있다.(누군가 나의 고통을 알아달라는 것, 누가 나를 살려 달라는 것이다.)

투신 직전에 있는 사람들을 많이 감시했는데 이들의 공통적 특징은 '구조가 안 될 장소, 시간'을 선택하는데, 대교에서는 구조되는 등 투신에 실패하는 경우가 있어서 건물에서의 투신을 선택하는 사람도 있었다.

이것은 상대방의 자신 이론에서 살펴볼 수 있다. 이것은 상대방이 처해 있는 상황을 신고인 자신이라고 할 때 과연 그 사람이 결행할 사람인지 아닌지를 알아보는 방법이다.

☂ 신고는 신중히

자살 생각에 그친 사람은 신고에서 배제(원칙), 자살을 계획 중인 자는 계획과 방법이 확인되어야만 신고하는데 그것의 진위와 거짓인지까지 판단한다.

왜냐면 자살 암시에서는 자살을 빙자한 범죄도 있고,[3] 관심받고 싶어서일 수 있고, 리포트 및 연구를 위해서 시험하거나, 소설의 한 문장을 옮겨 쓰거나, 타인의 반응을 엿보거나, 정신병으로 자신이 하지 않은 행동을 마치 한 것처럼 글을 쓰는 것일 수 있어서다. 때로는 자살 상담을 빙자하며 통신 매체 이용 음란 행위를 하려는 자도 있어서, 자살자들에게 접근하는 사람의 진위까지 파악하면서

---

[3] 자살 감시 중에 범죄가 의심되거나 확인되면 감시자가 경찰에 고발 및 진정, 제보를 한다. 자살자들 주변의 위험 요소까지 제거한다.(청산가리 판매자, 질소 설치업자, 촉탁 살인 승낙범, 항정신성의약품 판매상 등.)

제2의 피해를 막고 있다.[4]

그리고 최종 암시 글을 올린 사람을 신고하기까지는, 다양한 감시법이 동원된다. 이것을 감시방법론으로 정의한다.

대화 감시법(암시자와 직접 대화하면서), 반응 감시법(다른 사람들이 그 글에 반응하는 것을 보면서), 기다림 감시법(암시의 진위를 확인하기 위해서), 글 자체 감시법(글만으로 판단하는 것)이다.

암시 글에 따라 각각 다른 방법들이 동원되는데 이때 신고 여부를 결정하기까지는 신속해야 한다. 한 사람의 생명과 관련된 것이므로 신고 시점이 골든타임이 된다.

감시자는 신고에 일절 망설임이 없어야 한다. '글쓴이가 죽을까 아닐까', '왜 이러한 글을 올렸는가'에 의문을 가지지 말아야 한다. 다른 사람들은 해당 글만으로 신고를 하라고 하면 신고에 부담을 가질 것이다. 그런데 감시자는 오랜 경험에 따라 그동안 축적된 노하우를 최대한으로 발휘해서 이 글이 암시라고 결론을 낸다. 설사 만일에 그러한 의도가 없는 것이 나중에 밝혀졌더라도 그것까지 깊게 생각해서도 안 된다. 그러면 간접적인 암시 글은 신고에 배제될 수밖에 없다. 그래서 감시자는 항상 신고에 책임을 져야 한다. 직접적인 암시 글이 아니라면 요구조자要救助者가 부인할 수 있고,

---

4) 자살을 암시한 자에게 도움을 주겠다고 하면서 상담가로 접근하는 사람이 보여 대화를 해 보았는데, "심심한데 안아 줘."라는 답을 했다. 도와줄 의향 없이 통신 매체 이용 음란 행위를 하려는 목적이었던 것이어서, 해당 게시자의 계정과, 오픈방 연결된 링크 제재 조치를 요청했다.(신고외A-00)

또 그로 인해서 요구조자의 가족들이 신고인에게 항의할 수 있어서다. 그래서 이러한 간접적인 암시 글에서는 보다 객관적이고 신고할 수밖에 없었던 구체적인 사정들을 더 신중하게 종합해서 판단한다. 여기에서 주의할 것은 절대로 상상력을 발휘하면 안 되고, 현실적인 측면에서만 바라봐야 한다는 것이다.

이때 신고 시 감시자의 판단은 '이 사람이 죽을까?'라는 생각으로써가 아니라, '이 사람은 죽는다. 곧 죽는다.'라는 결론을 내면서 행동해야 한다.[5]

자살 감시는 비공개적으로 이루어져서 소리 없이 찾아간다. 또한 감시라는 것은 '자살', 즉 '죽음'만 감시 범위에 있고 그 외에는 감시 범위에 두지 않는다. 이렇듯 살아 있는 사람들이 자살할지를 판단해야 해서 감시자는 멘탈이 강해야 한다. 죽음의 그림자를 뒤쫓으며 이야기 시작부터 죽음이고, 끝에 가서도 죽음으로 결론 내기 때문이다.[6]

---

[5] 감시자의 판단은 망설임 없이 신고 여부를 결정한다. 그리고 신고를 지체하면 다른 생명을 살리지 못할 수 있다(한 명의 암시자만 감시하는 것이 아니므로).

[6] 사망에서 법적 실체를 찾아가는 법의학자들은 죽은 자를 대상으로 한 것이어서 죽음과 죽음으로 끝나지만, 감시는 산 사람 위주로, 죽음으로 끝나는 결론이 나지 않도록 하기 위한 것이다. 그중에 수많은 사연들이 많으며 그러한 사연까지도 확인해야 한다.

감시자의 멘탈

- 이미 결행한 글을 뒤늦게 확인하기도 하고

- 자살하려고 목맨 사진을 보아야 하고

- 극하게 손가락을 자른 사진을 보아야 하고

- 피가 뚝뚝 흐르는 사진을 보아야 하고

- 사혈로 피 뽑는 것을 보아야 하고

- 이미 결행한 사람들과 사친[7]으로 연결된 청소년이 자살에 영
  향을 미칠 수 있어서 그들을 집중 감시해야 하고[8]

- 팔목을 칼로 깊게 쓰윽 그은 사진을 보아야 하고

- 마지막 투신 장소를 촬영한 사진을 보아야 하고

- 힘들다면서 목을 조르는 영상을 올리면서 우는 영상의 목소리
  도 들어야 하고

- 마지막 유서와 인사 글을 발견하고

- 마지막 글에서 여러 사람들이 붙잡는 글을 보아야 하고

- 자살 동기를 파악하고

- 죽음의 목소리를 따라가고

- 죽음의 그룹과 자살 위험 사이트를 찾아서 자살할 사람 만을

---

7) 사이버상에서 알게 된 친구를 '사친'이라 하며, 실제 친구를 '실친'이라고 한다. 우울계 특정
    상 자신을 알고 있는 사람에게 자신의 글을 들키지 않으려고 한다.
8) 암시 글이 뒤늦게 발견된 계정의 사친들 계정을 찾아 들어가면 이미 결행한 사람의 아픔을
    같이 공감하면서, 격한 우울증을 호소하는 등 자살 암시를 보인다. 그래서 이들까지 모두
    감시 범위에 포함시켜서 자살 위기에 있는가를 지켜봐야 한다.

찾아내야 하고

- 죽을 사람과 대화하면서 구조에 필요한 정보를 특정해야 하고
- 신고했는데 뒤늦게 시신으로 발견된 소식도 듣고
- 뉴스에서 그 사람의 변사 소식을 들어야 하고
- 뒤늦게 암시 글이 발견되면서 '조금만 더' 빨리 찾았으면 살았을 텐데…라는 아쉬움을 느껴야 하고

감시자의 멘탈이 약하면, 그때는 그 감시자 역시 죽음의 그림자에서 벗어나지 못한다.9)

신고 시점은 암시 글이 발견된 곳마다 다르다. 국내 사이트에 올린 암시는 국내 수사로 가능해서 자살 위험자일 때도 신고는 가능하다.

그런데 해외 사이트인 트위터, 페이스북, 인스타, 구글 등 회사 규정에 따라 암시 판단 기준들이 다르다. 그래서 확정적인 암시가 아닌데 너무 빨리 신고하면 회신이 거부되면서 그 글이 삭제되거나 계정이 일시 정지될 때가 있다. 그렇게 되면 그를 더 이상 살리기가 어렵다.

예를 들어 해외 SNS에 "저 수요일에 약 먹고 갈 거예요. 잘 있어요."라는 글이 있다고 해 보자.

위 글을 암시로 해석하면 '수요일에 약물 과다 복용 등으로 죽기

---

9) 자살 예방 상담은 이론적, 논리적인 측면에서 접근한다면, 감시법은 실무적, 현실적인 측면에서 접근한다.

전에 미리 사람들에게 인사한 것'이다. 그런데 죽음을 연상케 하더라도 직접적으로 연급한 것이 없고, 약이 어떤 것인지도 확인되지 않는다.

그래서 이를 신고하면 해당 게시 글이 삭제되는 등으로 인해 더 이상 게시자의 동향이 확인되지 않아 재신고에 어려움이 있다.

그래서 이때 신고 시점은, 우선 수요일 전까지 특이점이 확인되어야 한다. 이 글이 암시라고 할 수 있는 글이 보충될 때까지 기다리거나, 다른 방법으로 게시자를 특정해야 한다.

그럼 간단히 감시법의 예를 통해서 감시가 무엇인지를 간단히 알아본다.

⛈ 대화 감시법

하늘나라 곧 간다.

하늘나라는 죽음을 의미하는 것일 수 있다. 그런데 "곧"이라는 것 역시 그 시점이 명확하지 않으면서 떠나는 주체가 무엇인지도 확인되지 않는다(본인인지, 타인인지, 아니면 동물인지등). 이때는 하늘이 의미하는 것이 무엇인지, 그 하늘로 떠나는 시점은 언제인지를 확인하기 위해서 직접 대화를 시도해 본다. 결행이 유력하다면 다양한 방법을 통해서 대상자를 특정하기 위해서 주력한다. 이때 특

정은 그 암시자로부터 특정하거나, 그 암시자와 연결된 주변 관계
자로부터 특정한다.

☂ 반응 감시법

case ①

> 암시자: 나 이제 죽으려고요.
> 타인: 죽지 마요.
> 암시자: 네 살아 볼게요.
> 암시자: 아니야 그냥 죽어야겠어.

암시 글에서 타인의 반응을 확인하면서, 신고 여부를 결정한다.
"네 살아볼게요"라는 것은 결행 의지가 확고하지 않아 신고 제외
사유다. 그런데 암시자가 그 뒷말로 "아니야 그냥 죽어야겠어."라고
글을 쓴다면, 자살을 중도에 포기한 것이 잠시 생각한 것일 뿐이
므로 신고 대상이다.

case ②

> 암시자: 나 이제 죽는다.

타인: 죽지 마요.

암시자: (무응답)

암시자: 나 돌아왔어요.

암시 글에 대한 타인의 만류에 일절 반응 없을 때 신고한다. 신고 시에는 암시 글을 올린 시점 기준에서 기다림을[10] 통해 활동이 감지되는지를 확인한다. 즉 암시자가 글을 올리고 얼마 지나지 않아 즉시 신고하면 기다림의 부족이 문제가 된다. 신고했는데 잠시 후 "나 돌아왔어요."라는 글이 보이면 신고의 신중성이 결여된 것인 동시에, 만일 이것이 해외에 협조 의뢰가 된 것이라면, 국내 자살 암시 기준을 더욱더 엄격하게 판단할 수 있다.

감시자는 국내 청소년들이 활용하고 있는 모든 해외 사이트에서 암시 글이 발견되었을 때, 각각의 신고 기준을 알고 있어야 한다. 또한 국내 신고 건 누적으로 발생할 수 있는 오점을 줄이기 위해서도 노력해야 한다. 그리고 경찰에 신고 후 회신이 오기까지 시간이 다르므로, 그 회신 시간과 시점도 알고 있어야 한다.

---

10)   기다림은 감시법이 동원되는 과정에서 사용한다. 이러한 기다림은 결행 의지 확고성 등 생존 의지가 있는지를 확인하기 위해서다.(예: 이모티콘, 사진, 다른 사람과 소통이 되거나, 움직임이 감지된 때.)

☔ 글 자체 감시법

저 칼로 죽으려고요. 어디 찔러야 죽나요?

상식적인 글이어서 신고에서 배제한다.(사망할 부위를 물어보는 것
은 충동적으로 쓴 글일 가능성이 높다.) 다만 나이가 어릴 때는 사전적
예방 차원에서 신고한다.

☔ 신고 제외 예시

1. "죽고 싶어요"

진짜로 자살하고 싶어요.

자살은 죽음을 생각[11]하면서 자살을 생각하고, 마음을 확고히
하면서 자살 방법과 결행 시점을 결정한다. 그런데 해당 글은 죽
음을 간절히 바라는 내용이지만 자살을 실행하기 위한 마음의 준
비로 볼 만한 것은 부족하다. 다만 자살을 진지하게 바라는 마음

---

11) 죽음 생각과 자살 생각은 다르다. 현실이 힘들어서 마냥 죽고 싶을 때가 죽음 생각이고, 현
    실에 미련이 없어지면서 생을 마감하고 싶을 때가 자살 생각이다. 죽음 생각은 자살 생각
    의 이전 단계다.

에서 생각하는 경우는 예외로서 그것을 죽음을 자살로 결론 내는 경우에는 신고 대상이다.(암시예시: 나는 자살 생각 일주일에 다섯 번 정도 하고, 진짜 진지하게 자살하고 싶다 생각 하는 건 세 번 정도.(#A-01-1))

2. "뛰어내려야지"

한강 물 온도 몇 돈가요. 뛰어내려야지.(신고외A-02)

투신을 결행할 자는 한강의 온도와 관련 없이 투신한다. 그래서 한강 물의 온도를 물어본 것은 투신 의지가 부족하고, 또한 "뛰어내려야지."라는 글은 관심을 받기 위한 것이다. 그래서 위 사안은 신고 대상이 아니다.

3. "옥상 문이 잠겨 있네요"

죽고 싶어요. 씨발 죽고 싶은데 옥상 문이 잠겨 있네요 대박.(신고외
A-03)

자살 충동으로 결행하기도 하지만[12], 대부분 결행 전에 차분한

---

12) 1. 자살 충동 온다. 엄마는 기말 공부 왜 안 하냐고 말하는데, 공부 기초가 안 되어 있어서 이해를 못 하고 자신감도 없고 차리리 죽는 게 편할 것 같다.(#A-04-1) 2. 그냥 다 끝내고 싶다. 한 번도 행복한 적이 없었어요. 매일 불행의 연속이. 집과 밖에서도 힘들고 어디 하나 위로받을 데도 없어요. 세상이 모두 절 따돌리는 것 같아요. 그냥 확 자살 해 버리고 싶어요.(#A-04-2)

모습을 보인다. 즉, 위와 같이 "씨발"이라는 욕을 쓰지도 않는다. 그래서 암시 글에 욕이 포함되면 우선 결행이 임박한 것으로 보기 어렵다. 또한 옥상 문이 잠겨 있다면 끝이지, 그 뒤에 "대박", 불필요한 글을 적은 것은 신고 대상이 아니다.

암시예시

1. "그냥 죽는다"

> 자살하면 친구들이 울어 주는 걸 보고 싶다. 그렇게라도 관심받고 싶다. 그냥 나를 좋아했는지 확인하고 싶다. 울어 준 친구가 많으면 안 죽겠지만, 그것은 죽어야만 알 수 있으니까 엄마한테 알려질까 봐 그냥 죽을래.($A-04)

자살의 진정성이 엿보인다. 대인 관계에 어려움이 있으면서 자신의 죽음으로 관심을 받고 싶어 했다. 그런데 사실 죽은 이후에는 누가 울었는지를 알 수 없어서, 관심이 우선이어서 죽음을 선택하겠다는 것이다. 나이가 어릴수록 보이는 간단한 생각들이다. 대인 관계에 힘든 점이 바로 '주위의 관심, 사랑 부족'이다. 전형적인 관심 부족에서 나타난 현상이며, 해당 청소년은 자살을 결행할 가능성이 크기에 신고했다.

2. "질소를 어디서 구매해"

질소를 어디서 구매해야 해요? 밀폐된 공간에 계속 가스가 새도록
하면 질소 중독이 되나요? 고통은 없나요.($A-05)

질소로 결행하는 사람은 성인이다. 그런데 성인은 자신이 정보(레
귤, 질소량, 화학 반응 등)를 알아보면서 모든 것을 준비한다. 즉 위 글
은 고통 없이 죽기 위한 방법만을 찾기 위한 몸부림으로, 이미 자살
할 마음을 굳게 하고 자살 방법만을 결정하는 중인데, 질소의 상식
정보를 알지 못한다면 청소년일 가능성이 크므로 신고 대상이다.

3. "너무 죽고 싶다"

너무 자살하고 싶어. 죽고 싶다. 미쳐서 돌 거 같아.(#A-06)

이것은 자살 생각으로만 그칠 수 있으나, 무언가로 인해서 극심
한 스트레스를 받는 것처럼 보인다. 보통은 결행 직전까지 자살 계
획을 세우는데, 이 경우는 계획 없이 결행할 수 있다. 즉, 충동적
자살이 예상된다. 글에서 연상되는 것들은 '숨 쉬기 힘들어, 울고
있어, 답답해, 미치겠어, 나 어떻게 해, 더 이상 못 버티겠어.' 어른
들의 도움이 없으면 생을 마감할 가능성이 크므로 신고 대상이다.

4. "진짜 숨 막혀요"

부모님이 저만 싫어해요. 자해도 했어요. 칼로 손목을 긋기도 하고, 수면제 과다 복용도 했고, 목을 조르기도 했어요. 저 진짜 숨 막혀요.(!A-07)

연령이 어린데 도손자해를 하고, 약물자해도 했다. 이것도 버티지 못해서 목을 조르는 질식자해까지 했다. 자해는 하나의 자해로서 끝나지 않는다. 보통 복합자해를 한다. 그런데 질식자해까지 할 정도면 이제 혼자서 이겨 내는 데 한계에 와 있음을 알린다. 그래서 곧 결행할 수 있으므로 신고 대상이다.

5. "개인 정보 처리는 어떻게"

죽음과 직접적으로 연관되는 글과 달리 이를 연상케 하는 단어들도 글의 작성 의도를 확인해 봤을 때 신고 대상이 될 수 있다.

제가 죽으면 개인 정보는 어떻게 되나요. 회원 가입한 사이트에서는 탈퇴가 되는지, 휴대폰은 어떻게 되는지, 가족들이 하지 않아도 자동으로 공기계처럼 변하는지.(#A-08)

차분히 결행을 준비하는 사람에게 보이는 특징이다. 자신의 개인 정보가 등록되어 있는 곳에서 탈퇴하거나, 기존 휴대폰을 어떻게 처리할지를 고민한다. 이때 게시자의 연령을 추정하는 동시에 왜 이 글을 올렸는지를 생각해 봐야 한다. 직접적인 암시 글이 아니면 게시자가 진실을 숨길 수 있기 때문이다(그냥 알아보려고 했다…?). 이것을 궁금해하는 사람이라면 청소년일 것으로 추정되어서 신고했다.

이와 유사한 경우를 더 살펴보자.

> 자살하고 난 뒤에 저와 연류된 사람 모두가 잡혀서 조사(SNS, 개인
>
> 연락처, 인터넷 검색 기록)를 받을까요? 유서를 적으면 자살사로 처리돼
>
> 서 끝나는 걸로 알고 있는데.(#A-08-1)

이에 위와 같이 궁금해하는 글쓴이의 의도를 확인한 바 "죽는 게 엄청난 피해지만 자잘한 피해를 덜고 싶다."라고 했다. 즉, 글쓴이는 자신의 자살을 준비하기 위해 주변 정리를 하는 과정에서, 주위 사람들에게 피해를 덜 주기 위해서 고민했던 것이다.

6. "이제 못 버티겠어"

게시자가 글을 삭제한 것이 히스토리에서 발견되었을 때(서버에

보관되어 있는 흔적들), 자살 내용이 의심될 때, 서버에 보관 중일 수 있으므로 특정 가능성 고려해서 신고한다.

나 진짜로 이제 못버티ㅣ겠어.(#A-09)

제목만 확인되었다. 삭제한 지 20분 정도밖에 경과하지 않아 주제가 노출되었다. 이 글에서 연상되는 것은, 더 이상 버틸 수 없다는 것이다. 힘들어함이 매우 커 보인다. 유사 글이 발견되지 않으면서(글을 삭제하고 재차 글을 작성하기 위한 의도가 있는지), 손가락의 긴장감이 감지된다("티ㅣ"). 그리고 마지막을 연상케 하고 있다("이제"). 이를 정리하면, 게시자는 암시 글을 작성했는데, 타인인 누군가에게 들킬까봐 자신의 글을 삭제한 것으로 추정되어서 신고한 사안이다.

7. "옥상에서 뛰면 아픈가요"

옥상에서 뛰어내려서 자살하면 아픈지 그냥 궁금해.($A-10)

이 글은 "자살하면"이라는 것이 전제된다. 즉, 옥상에서 뛰어내리면 고통을 느끼는지 아닌지를 물어보는 것이다. 특히 이러한 질문을 한 사람들의 상당수가 나이가 상당히 어렸다. 특히 해시태그가 "#옥상"으로 되어 있었다. 즉 게시자는 나이가 상당히 어릴 듯 추정되면서, 옥상에서 투신을 계획 중인 글로 보여서 신고 대상이다.

8. "만약 내일 죽는다면"

너네 만약 내일 죽는다면 어떻게 죽고 싶어.(#A-11)

글이 자정되기 30분 전에 올라왔다. 마지막 결행 전에 하고 싶은 것이 무언인가를 확인하는 글로 의심되었다. 글 자체가 차분하면서 무언가 내려놓은 글이다. 특히 "내일"이라고 명시한 점에서 대상자는 내일 중 결행 예정자로 보이므로 신고 대상이다.

9. "유서 쓰려는데"

재산도 없으니 유서쓸 때 편지 쓰듯이 막 써도 되겠지.(@A-12)

유서를 질문하는 글이 커뮤니티 사이트에 올라왔다. 유서에 관해 질문하면서 다른 고민하는 글을 적었다. "내가 살아 있었더라도 내 인생은 망했을 거다, 이런 말은 안 적는 게 좋겠지." 즉, 게시자는 자살을 결행하기 위해서 유서 쓰기 등 실체적인 모습을 보이고 있으므로 신고 대상이다.

10. "죽고 싶다 진짜"

곧 있으면 끝낼 수 있겠죠…?($A-13)

"죽고 싶다 진짜 ㅎ"라는 글이 보였다. 그 후 위 글이 발견되었다. 죽음과 연결된 "곧"은 무엇인가? 바로 그것은 죽음이 임박했다는 것이고, 이제 끝낼 수 있다는 것은 죽음을 맞이할 준비가 되어 있음을 가리키는 것이므로 신고 대상이다.

11. "안 아프게"

목숨을 끊으려고 한다. 안 아프게 죽는 방법이 있을까?($A-14)

커뮤니티에서 안 아프게 죽는 법을 찾고 있었다. 고통 없이 죽을 수 있는 방법은 없다. 다만 기왕에 고통이 크지 않기를 바라는 것은 자살자들이 원하는 것이다. 그런데 죽을 것을 전제하면서 안 아픈 방법을 찾는 것은 자살할 마음이 확고한 것이 전제되므로 신고 대상이다. 만일에 '죽는 것이 약간 겁나는데 안 아프게 죽는 방법을 찾는다.'라는 내용의 글이었으면 신고 대상에서 제외한다.

전에 혼자 목을 조른 적이 있다. 정말 바보 같죠. 죽고 싶어 하면서 죽는 과정이 무서워서 못 죽다니, 병원은 가고 싶지만 집안 사정 때문에 한 번도 못 갔고, 저 어떻게 해야 하나요. 최대한 고통 없이 깔끔하게 죽는 방법 좀 알려 주세요.(#A-14-1)

안 아프게 죽는 방법 없을까.(@A-14-2)

성인은 안 아프게 죽기 위해서(고통을 덜하게 하기 위해서)다양한 자살 방법을 선택한다(탄 및 질소 등). 그런데 청소년은 장소에 제약을 받고, 나이가 어릴수록 자살 방법은 극히 제한적이라서 최대한 떠나기 전에 고통을 덜한 방법을 찾고 있다. 그런데 결행할 마음이 확고한 사람은 결국 고통과 관련 없이 결행할 가능성이 크다.

상담 이미 다니고 있다. 위로나 상담 필요 없으니까 확실하게 죽고 안 아픈 방법이 있을까요. 익사 생각하고 있는데….($A-14-3)

자살할 마음이 확고한 사람은 상담을 포기한 사람이다. 그래서 자신의 죽음에 누군가 살라고 하는 식의 글을 적는다면 차단된다.(다만 같은 계정 내의 친구들 간에는 서로 위로가 되면서 결행을 포기할 때가 있다. 같이 소통해 온 사람들이므로). 그리고 자살할 마음이 확고한지의 여부는 이미 자살 방법을 선택했는가에 있다. 이미 익사를 알아보고 있는 중이어서 결행 여지가 충분하므로 신고 대상이다.

자살자는 결행 전에 계획을 세운다. 그런데 이때 구체적으로 자살을 계획한 사람과, 간단히 계획을 세운 사람이 있다. 구체적인 계획을 한 사람은 보통 한 달 전부터 죽음을 진지하게 받아들이면서 자살 방법과 시기를 정한다. 반면에 간단히 계획한 사람은 지금 당장의 힘듦을 견딜 수 없어서 빠르면 24시간 이내, 늦으면 주 중이다.

그들에게 필요한 것은 '어떠한 자살 방법을 선택할 때 성공 하는 가', 즉 '죽을 수 있는가'다. 그런데 사실 청소년의 자살 방법은 성인과 달리 극히 한정적이어서, '덜 고통스러운 방법'으로 세상을 등지고 싶어 한다. 그래서 자살 위험자들이 자살 방법을 알아볼 때 '덜, 안 아프게 죽을 수 있는 방법'을 찾아다닌다.

그래서 자살 위험자들의 글 중에서 눈에 많이 띄는 것이 위 같은 글이다. 그런데 청소년에게는 죽음의 공포도 있으나, 그 공포보다는 결행 시 좀 더 편안히 가는 방법을 알아보려 한다. "안 아프게 죽는 방법, 고통 없는 자살 방법"이라는 키워드를 이용하면서 말이다. 그런데 이러한 글은 이제 자살 암시 및 위험 대상자로 단정하기 어렵고, 결행을 시도한 흔적이 있는지, 어떠한 자살 방법을 알아보았는지, 결행 의지나 마음의 확고함은 어떠한지 등을 고루 살펴보면서 위험성 여부를 결정해 신고한다.

만일에 죽는 방법을 알아본 것만으로 신고한다면 그것은 죽을 생각을 한 것을 신고한 것이고, 현장 경찰이 적극적으로 자살 예방을 할 수 없을 뿐만 아니라, 신고에 정당성을 부여받기 어렵다.

그렇다면 '신고의 정당성'이란? 신고인의 신고로 인해 경찰이 요구조자(혹은 가족 등)를 구조하는 중에, 경찰과 요구조자, 그의 가족들에게 신고에 정당성을 주장할 수 있는가다. 경찰이 현장에 출동했는데 요구조자 등이 거짓말한 때("장난으로 적었다.", "내가 적은 것이 아니다.", "명의 도용당한 것이다.", "그 정도의 위험성은 없었다." 등) 신고인이 요구조자의 자살 위험도를 강조할 수 있고, 경찰의 작용을 통해 예방으로 이어질 수 있는 것이다. 이러한 정당성이 부족할 때 신고하면 그것은 신고인이 부담해야 하는 것으로서, 정당성을 확보하기 위해서 다양한 감시 기술이 필요하다.

12. "자살하러 감"

대교 가야겠다. 시험 망해서 자살하러 감.(#A-15)

글쓴이의 연령 및 사고력, 성격, 글 쓰는 재주 등에 따라 다르나, 공부한 대로의 학습 효과가 나오지 않아 자살을 암시했다. 해당 대교는 익히 알려진 대교다. 자살 동기가 학업 관계라는 점에서 그리고, 해당 암시 글이 발견된 곳은[13] 간접적인 암시 글이 다소 발견되고 있어서 신고 대상이다.

---

13) SNS 및 각 커뮤니티마다 암시 글의 판단 기준이 다르다(글을 쓰는 공간의 성격마다 다름). 이때 직접적인 암시와, 간접적인 암시, 유추해서 이를 암시로 판단할 수 있는가로 나누어진다.

13. "혼자만의 계정이 있는데"

나 혼자 말하는 계정이 있는데 내가 힘든거 다 써 놓았거든, 내가

죽으면 가족이 볼까?(#A-16)

소통의 구분

공개 계정	비공개 계정	
	완전비공개(소통 ×)	불완전비공개(소통 ○)

SNS는 '공개 계정'과 '비공개 계정'으로 나누며, 비공개 계정은 다시 소통 없는 '완전비공개'와, 조건부로 소통하는 '불완전비공개'로 나뉜다. 완전비공개 계정은 본인 외에는 일절 확인되지 않는데 그곳에 자살 암시와, 자살 동기 등이 숨어 있는 경우가 많다. 해당 글은 자신이 결행 이후에 그 글을 가족이 볼지를 확인하는 글이다. 즉, 이미 비공개 계정에 그와 같은 글이 있다는 것으로 추정되는 바, 이것은 신고 대상이다.

14. "만약 내가 자살한다면"

만약 내가 내일 자살한다면 너희들은 나에게 어떤 말을 하고 싶

어?($A-17)

오늘 죽음을 결심한 사람에게 해 주고픈 말이 있나요. #생활보장

($A-17-1)

자살을 전제하면서 위로를 받고자 하는 글이다. 이것은 만약이라는 부분이 전제되어서 현재성은 엿보이지는 않는다. 그런데 실제 자살을 결행할 사람들은 마지막에게 누구에게나마 위로를 받고 싶어 한다. 그래서 자살을 전제한 위로 글을 받고 싶은 글은 자살 암시로 보여서 신고 대상이다.

15. "살기가 너무 힘들어요"

이제 자살 시도해야겠다. 살기가 너무 힘들다.($A-18)

삶이 너무 지쳐 보이는 글이다. 자살 시도의 진정성이 충분히 엿보인다. 만일에 위 글이 자살 시도만 언급한 것이면 시점이 확인되지 않는다. 그런데 "이제"라는 것으로 보아 곧 준비를 하기 위한 암시 글로서 신고 대상이다.

16. "내 취미가 옥상가는 거야"

> 옥상 올라가면 마음 편하고 기분이 좋아져서 아파트 옥상 잠가 두
> 는 장치가 정말 허술해서 오늘도 옥상 갔어.(#A-19)

아파트 등 고층에 거주하는 경우 그곳을 안식처로 받아들인다.
답답했던 부분이 있어도 옥상에 올라가면 마음의 편안함을 느낀
다. 그런데 아파트 옥상 문의 잠금이 허술한 틈을 타서 옥상에 올
라간다면 상당히 위험할 수 있어서 옥상 시건장치 및 사전 예방을
위해서 신고 대상이다.

17. 내 인생이 아까워

> 자살하기엔 내 인생이 너무 아까운데, 그렇다고 살기엔 너무 고통
> 스럽고 괴로워.(#A-20)

자살로 생을 마감하기에는 인생에 아쉬움이 있다는 것을 표현한
다. 그렇지만 그것보다 현실이 너무나 고통스럽고 괴롭다는 표현이
므로, 이는 자살을 우선시하고 있는 사안으로서 신고 대상이다.

18. 나 하나쯤 사라져도

죽는 게 옳을까, 나 하나쯤 사라져도 아무 일 없겠죠.($A-21)

죽을지 살지를 고민하는 글 중에서 한쪽으로 치우친 것이 죽음이라면 자살의 위험성이 현저하다. 자신의 죽음을 전제한 글로서 신고 대상이다.

자살하고 싶은 마음이 너무 커져서 삶의 의욕조차 없고 내가 죽어도 누가 신경 쓰겠어. 부모님도 날 사랑하지 않는 것 같고 내 고민 이야기하니 친구들도 웃기만 한다. 그냥 자살하고 싶다. 죽어 버리고 싶다.($A-22)

자살 생각에서 구체적인 자살 동기가 드러나 있고, 더구나 가족과 친구들로부터 고민에 대한 해결이 안 되어 보인다. 즉, 더 이상 스스로가 도움을 청하기 어려운 사안으로 보이므로 신고 대상이다.

19. "자살해야지"

죽는 게 두렵지 않아, 조금 더 살다가 자살해야지.(#A-23)

죽음에 대한 두려움을 느끼지 않는다는 것은 언제든지 생명을 단절시킬 준비가 되어 있음을 뜻한다. 특히 결행할 마음이 확고하면서 결행이 임박했음을 뜻하므로 신고 대상이다.

20. "바다 가고 싶어요"

한강에 빠지면 바다로 흘러가나요. 시험 끝나고 바다 가고 싶은데 너무 멀다.(#A-24)

시험 끝나고 바다 보러 가고 싶다는 글이다. 그런데 이는 한강에 빠지면 시신이 바다로 흘러가니 정착지가 바다라는 것이고, 시험 끝나고 바다로 가는 것은 익사를 하려는 것으로 해석되고, 특히 글이 매우 차분해 보이면서 고요하고 무언가를 준비하는 글로 보이므로 신고 대상이다.

21. "몇 층에서 떨어져야"

몇 층에서 떨어져야 죽나요.(@A-25)

투신의 성공이 가능한 건물 층수를 알고 싶어야 하는 글이다. 사실 이것으로는 암시로 보기 어렵다. 그런데 해당 글은 SNS 비공개 우울증 그룹 방에서 발견된 것이고, 각각의 사진 등으로 대상자 특정이 가능해 보여서 신고한 사안이다.

감시방법론은 글쓴이의 심리를 이용해서 자살자를 구별하는 방법이다. 암시는 직접적인 글만이 아니라 간접적, 또는 우회적으로 암시하는 경우도 있으므로 '글쓴이의 입장에서', '왜 이 글을 적었는가'를 파악하면서 신고 여부를 결정해야 한다. 과거와 달리 시대적 배경에 따라 암시 글이 달라지고 있기 때문이다.

Part 3

자해 바로 알기

자해의 종류

자해는 죽음에 다가서는 첫 발걸음이다. 그래서 청소년의 자살 예방을 위해서는 반드시 자해 예방이 필요하다는 전제에서 살펴본다.

흔히 사람들은 자해를 '날카로운 도구를 이용해서 신체에 상해를 가하는 것, 그리고 시중에 약을 구입해서 과다 복용하는 것' 정도로만 알고 있다.

그런데 자해의 종류는 여러 가지로 이를 구분해서 설명하면 그의 자해 동기에 따른 치료 방법을 알 수 있다.

자해의 구분표

외적자해			내적자해		
상상자해	신체자해		약물자해	사혈자해	섭취자해
	소극	적극			
손 글씨, 이미지	압박자해, 충격자해	도손자해, 질식자해	약물 과다 복용	주사기로 피 뽑기	연필심, 종이 등을 섭취

☂ 외적과 내적자해

자해는 '외적자해'와 '내적자해'로 구분한다. 외적자해는 신체 외부를 통해서 고통을 이겨 내기 위함이며, 때로는 상상자해[14]도 있다. 내적자해는 신체 내부에 영향을 주면서 자신의 고통을 이겨 내기 위한 방법으로서 약물자해[15](과다 복용)와, 사혈자해[16](주사기 등으로), 섭취자해(식도를 통해서)가 있다.

섭취자해의 예시

공부할 때 너무 힘들거나 슬플 땐 연필심이나 종이 같은 걸 먹고 있다.[17] (!B-05)

자해 도구가 없으니 비누 먹고 먹은 거 다 토해야지.(@B-05-1)

---

14) 그림자해는 첫째, 손 글씨로 "팔을 깊게 긋는 상상을 해, 죽고 싶어, 나는 죽어야 해."라는 등 고통을 글로 표현하는 손 글씨 자해가 있다(자신의 신체에 직접 자해하지 않으려는 사람이다). 그리고 둘째, 이러한 손 글씨에서 표현되는 것을 그림으로 상상하면서 그리는 그림자해계도 있다. 상상자해계는 자신이 꿈에서 본 것을 그릴 때가 많다(사망 사례 예시: 마지막 그림, "꿈에서 나 목매달았어").

15) 약물자해는 지금의 고통에서 벗어나기 위해 건강을 침해시키는 것을 말한다. 이것은 처음에는 소량으로 섭취하다가, 양이 많아지면서 집에 있는 약들을 전부 모아서 한 번에 섭취하기도 한다. 그래서 약물자해자는 건강 문제로 학교에서도 조퇴하는 경향을 보이는데, 점점 그 횟수가 많아질수록 자살을 암시하면서 꽤 많은 양을 섭취하기도 한다.

16) 사혈자해는 피를 뽑아내는 것을 보고 자신의 힘듦을 덜기 위한 것이다. 이것은 처음에 소량의 주사기를 이용해서 하다가, 주사기를 수 백개씩 구입해서 삶이 힘들 때 피를 뽑아낸다. 이것은 현기증이 나 쓰러질 정도의 상황에서 힘든 것을 덜기 위한 행동인데, 어떤 경우에서는 그 피를 응고시켜서 그것을 손으로 만지작 거리면서 고통을 표시하기도 한다.

17) 섭취자해는 나이가 어릴수록 한다. 이것은 습관이 되면 위험해질 수 있고 정신병으로 발전될 수 있으므로 이러한 섭취 자해자가 발견된 경우는 신고를 통해 사전에 이를 막아야 한다.

섭취자해는 일상에서 쉽게 접하는 것을 이용하는 것이 특징이다. 그 스트레스를 이겨 내고자 한 행동이 어느덧 습관으로 바뀐다. 섭취자해의 횟수와 기간이 늘수록 신체 장기에 영향을 미칠 수 있으므로 이를 내적자해로 구분했다.

☂ 외적자해 중에서 상상과 신체적 자해로 구분

자해는 자신의 몸에 해를 가함을 말한다. 그런데 꼭 그것만이 아니라 그림과 손 글씨와 낙서 등 상상을 통해서도 가능하다. 상상자해에서 암시 글이 발견된 예시를 보면 그는 수십 개 이상의 그림을 그리다가 자살을 암시했다.

> 버킷리스트 천천히 정리해야지, 시험 전날에 유서 쓰고, 시험 시작 날에 학교에서 해 뜨는 거 보고···. 내가 죽으면 주위에서 후회하고 죄책감을 가질까 봐 속마음을 말하지 않겠어. 내가 죽는 것은 변함없을 것 같아. 그래도 마지막 인사는 남기고 가야겠다. 너무 죽고 싶어. 나를 아는 사람들에게 미안해, 죽는 선택을 한 것도 미안해. 어떡해야 할지 모르겠어. 그냥 숨길게, 나는 행복해 정말로 행복해. 점점 편안하게 죽을 수 있을 것 같은 기분이 들어. 다들 행복했으면 좋겠어 내가 없어도···.(#B-06)

☂ 신체적 자해 중에서 소극자해와 적극자해

신체자해는 신체에 직접 해를 가함을 말한다. 이것은 '소극자해'와 '적극자해'로 구분한다. 신체에 다양한 도구 또는 손을(도구 + 손 = 도손자해[18]) 이용하거나 질식[19]을 시도하는 것이 적극자해라면, 고통을 잠시 이겨 내기 위해서 일시적 해를 가하는 것이 소극자해다(손으로 신체 부위를 압박하는 것). 보통 적극자해를 하기가 겁나거나 흔적을 누군가에게 들킬까 봐 선택하는 방법으로서 압박하거나 충격한다.

압박자해는 신체 일부를 압박하면서 피가 잠시 통하지 않도록 하고 그 느낌(저림과, 압박한 부위의 흔적)을 통해 고통을 해결하는 방법이다. 그리고 충격자해는 주먹이나 발등(머리를 벽에 박는 행동)을 이용해서 어떤 물체를 때리면서 자극을 주는 것을 말한다.

---

18) '도손 자해'는 '도구 또는 손을 이용하면서 자해하는 것'을 말한다. 도구라 함은 사실 위험한 흉기로서도 작용하는 칼이 포함되는데, 자해 도구를 흉기로 비유하는 것은 자해의 이해에서 옳지 않은 표현이다. 또한 손톱깎이 및 도구 이외에 손으로써도 몸에 상처를 내기도 해서 이를 줄여서 '도손자해'로 정리해 보았다. 뾰족하고, 날카로운 도구를 이용해서 신체에 직접 해를 가하거나, 손으로서 신체 일부를 뜯어내는 것이다. 흔적은 쉽게 없어지지 않아 흉진 자신의 몸에 있는 상처들을 보면서 이제 버틸 만큼 버텨 왔다고 생각하면서 결행을 다짐하기도 한다. 도손자해는 처음에 가볍게 하다가, 갈수록 더 짙게, 몸이 파이고 뼈가 보일 정도로, 어떤 때는 손가락의 일부가 잘릴 정도까지 한다. 한번 한 자해를 그때 막지 못하면 끝내 사지의 모든 부분들이 자해 부위가 된다. 배에다 하거나, 허벅지, 목 등에도 한다. 그리고 손으로 하는 사람은 표시가 잘 나지 않는 부위에 하는데 발톱에 뾰족한 것을 쑤셔 넣거나, 발톱을 뽑거나, 무거운 걸로 발톱을 내리치면서 멍들게 하거나, 발 부위를 손가락을 피가 날 때까지 긁거나, 맨살을 손톱으로 뜯어내거나 하는 등의 다양한 방법이 있다. 도손자해는 점차 그 수위의 강도가 짙어진다. 처음에 자해할 때는 힘든 것이 줄어드는 듯 보이는데, 점차 갈수록 자해해도 해결되지 않으면서, 끝내 결행을 마음먹기도 한다.

19) 질식자해는 항상 줄을 가지고 있거나, 잠을 자면서 줄을 목에 감는 행동을 보인다. 그리고 그대로 잠을 자거나, 중간에 일어나서 빼는데, 불완전 목맴 형식을 취하는 것이므로, 질식자해는 아주 위험한 자해 중에 하나다. 질식자해는 자살할 생각을 많이 가지고 있고, 특히 누군가의 죽음을 그리면서 한다(먼저 간 누군가 고인에 대한 그리움이 커서). 다음은 암시예시다. "얼굴이 파래지고 얼굴이 먹먹해져서 느낌이 안 날 정도로 목을 조여요. 원래는 칼로 그었는데 이젠 흥미가 없어요. 목을 조이고 조여서 숨이 안 쉬어지다가 피가 통할 때 내가 살아 있는 기분이에요." (IB-02)

자해의 시대적 배경

☂ 과거

자해는 타인의 사진을 모방하는 경우가 많았고, 자해 방법 역시 일부에 그쳤다. 그리고 자해 사진을 버젓이 공개했다. 이때 사진이 자신의 것이라며 인증까지 했다. 그때 기억나는 것이, 자기 사진을 타인이 모방한 것이라면서 아예 사진에 자신의 계정과 이름 등 이니셜을 적은 것이다. 이때 자해는 하나의 힘듦이 아니라, '관심속에서의 자해'였다.

☂ 중반기

SNS 및 인터넷 발달로 커뮤니티에서 자해 방을 운영하는 사람이 늘어났다. 이 계기로 사람들과 소통하는 중에 여러 가지의 자해 방법이 공유되었다. 물론, 이때부터 자해 사진의 모방은 줄어드는 추세였다. 이때 자해 이유는 서서히 관심에서 벗어나 '힘듦과 고통을 공유하는 공간'이었다. 즉 실제 자해하게 된 동기가 등장한 배경이다.

⛅ 현재

자해 사진을 타인의 것을 모방하는 경우는 극히 드물고, 본인 자해 사진만을 올린다. 그리고 타인에게 발각되지 않도록 숨어서 자해하는 경우가 많다. 또한 누군가 자신의 자해 사진을 신고 시 격한 반응을 보이면서 더 심한 자해를 하는 모습을 보이고 있다. 지금 자해는 관심을 모두 배제하고, '힘듦과 고통을 자신만의 공간에서 이겨 내는 공간'으로 자리 잡았다.

비교 자료

내용	과거	중반기	현재
사진 모방	많았음	중간	거의 없음
자해 이유	관심(상징적)	관심에서 힘듦과 고통으로	관심을 모두 배제하고, 힘듦과 고통
자해공간	공개적	공개/비공개	비공개(원칙)
자해 방법	극히 제한	소수적 방법 활용	광범위한 방법 활용
자해가 자살에 미치는 영향	거의 없었음	일부 있음	현저함
자해 연령	제한 없음	제한 없음	제한 없음

자해란 무엇인가

자해는 '스스로 자신의 몸에 해를 가하는 것'을 말한다. 보통은 날카로운 도구를 이용해서 상처(목, 배, 다리, 팔) 등 피를 보면서 힘 듦에 대한 고통을 이겨 내기 위한 하나의 방법이다.

그런데 상당수가 점점 더 자해 횟수가 늘어나고, 기간이 길어질 수록 죽음을 쉽게 언급하고 있다. 그래서 자해는 '죽음의 첫 발걸음'이라고 할 수 있다. 그래서 자해 예방은 곧 청소년의 자살을 줄일 수 있는 방법이라고 할 수 있다.

사람이 태어나서 생을 마감하기까지 다양한 고통을 받는다. 그런데 그 고통이 찾아왔을 때 보호자나 학교나 친구가 도움을 줘야 하는데, 이를 외면한 때, 힘든 것을 알아차리지 못하거나, 그 정도까지 힘듦을 알아차리지 못할 때는 꽤 많은 고통을 앓아 가면서 죽음을 생각하는 단계에 이른다.

물론 여기에서 말하는 죽음은 자살 생각과 상반되는 것이고, 힘 듦을 죽음으로 비교하는 것이다.

자해자의 글에는 다양한 사연이 숨어 있다. 부모의 이혼으로 인한 것, 언니 형 동생을 챙기는데 자신에게 관심을 보이지 않은 속상함, 학교 및 가정 폭력과 관련된 것, 친구와의 배신감, 진로 선택의 갈등, 미래의 불확실성에 대한 불안감, 무기력 등 수많은 사연들이 있다.

그중에서는 가장 대표적인 것이 '힘듦과 우울증이 있는 것 같아서 그것을 부모(또는 친구 등)에게 말했더니[20] 그냥 대수롭지 않게 생각해서 자해를 한다는 것(예: "사춘기가 빨리 왔구나.", "사춘기가 좀 늦게 왔나 보다.", "중2병이야.", "니들 나이는 원래 그래.")'이었다.

이때 더 이상 말하지 않으려 하고 이러한 힘듦을 스스로 극복하기 위한 다양한 방법을 찾아 본다.[21] 그러다가 다른 방법이 없을 때 청소년이 많이 하는 하나의 방법인 자해를 선택한다.

그런데 누군가 자해 사실을 알아채지 못할 때는 더 이상 누구에게도 들키지 않으려 하고, 누구도 알지 못하도록 자신만의 자해 방법을 배워 가면서 죽음에 한 걸음 다가선다.

이것의 기간이 길어질수록 자신만의 자해 도구와 치료 약이 정성스럽게 구비되면서 다양한 자해 방법과 자해 부위를 선택하는데, 이때 자신과 다른 친구와 비교되어 서서히 거리를 멀리하려는 경향을 보이고, 대인 관계에서도 어려움이 생기기 쉽다. 그리고 스스로가 정신적 질환을 앓고 있는 사람이라고 자각하는데, 그전에

---

20) 청소년이 "~ 때문에 힘들고 고통스럽다.", "우울증이 있는 것 같다…" 이런 말을 하기 전까지는 많은 고민을 했을 것이다. 그런데 보호자가 이를 대수롭지 않게 받아들인다면 대화는 차단된다. 그러면 그의 스트레스, 짜증, 투정 등이 갈수록 늘어나거나, 무기력감 등 더 극하게 병적으로 나아갈 수 있어서 스스로 하나의 선택으로 자해로써 해결하려고 한다.

21) "청소년인데 정신과 치료를 혼자 받을 수 있나요? 돈은 얼마나 드나요? 약국 갔는데 항우울제 달라고 해도 안 주는데 어떻게 해요."

우울증 및 각 질환에 대한 테스트 점수를 통해서 자신의 위험 신호를 미리 알아볼 때가 많다.

자해는 죽음의 첫 발걸음이지만 더 이상 고통받지 않기를 바라는 마음에서 선택한다. 그런데 초등학생 때에 자해한 사람은 중학교 입학 전에 두려움을 느끼고, 중학생은 고등학교 입학 전에, 고등학생은 대입 전에 두려움을 느끼면서 많은 불안감을 보이면서 "힘들어서 죽을래, 죽고 싶어, 살고 싶지 않아, 누가 나를 죽여 줘요, 저는 겁쟁이라서 죽지 못해요."라면서 다양한 죽음과 관련된 글[22]을 적을 때도 있다. 그런데 이는 자해가 죽음의 첫 발걸음이었던 것을 늦게 깨닫는다.

그럼 자해를 여기에서 멈춰야 하는데, 이것이 쉽지 않다. 왜냐면 내가 힘들 때 항상 옆에서 같이해 왔던 말이 없는 친구이기 때문이다. 흔히 말하면 습관성 자해로 변하면서 죽음의 첫 발걸음은 진지하게 자살 생각까지 이르며, 주변에 아무도 남지 않게 되면서 (뒤늦게 가족들이 이를 대처한들 습관성 자해로 변화되면 사실상 이를 해결하는 것은 쉽지 않다), 자살 시도를 거듭하다가 끝에는 이제는 가야 한다며, 자살을 선택할 때가 있다.

---

22) 죽을 생각은 자신이 힘들 때 '죽고 싶다'는 생각을 글로 표현한 것을 말한다. 그런데 자살을 암시하는 글은 자신이 죽음에 대한 생각을 구체적으로 행동으로 옮기기 위해서 실천하는 모습이다.

자해를 왜 하는가?

청소년이 자해하는 이유는 많겠지만, 결국은 '살고 싶어서'다. 살기 위한 노력으로 자해를 선택한 것은 그만큼 힘들어서다. 초등학생 중에서 자해하기 전에 글을 적은 경우가 있었다.

나 죽을까? 자해할까.

자해를 죽기 전에 거쳐야 하는 행동으로 인식하기도 한다. 이러한 인식은 상당히 위험한 결과를 초래한다. 자해로 현재의 문제가 해결되지 않을 때(즉 자살 동기) 자살을 결심할 수 있어서다. 그래서 자해란 현재의 힘듦이 있을 때 그 고통을 스스로 이겨 내기 위한 일시적 행동인데 그 기간이 길어질수록 습관성 행동으로 변화하면서 다양한 위험 인자들이 나타난다(우울증, 불안증, 성격 문제, 인간관계, 교우 관계 등).

자해자는 "죽고 싶다."라고 말할 때가 많다. 특히 나이가 어릴수록 자해를 '죽기 전에 거쳐 가는 하나의 과정'으로 인식하고 있었다. 이러한 의미에서 자해는 조용히 찾아오는 죽음의 첫 발걸음인 동시에 자살의 위험 신호다. 이러한 신호를 가정과 학교에서 미리 발견하지 않으면[23] 자해자는 더 깊은 자해의 늪에 빠진다.

자해는 자신의 힘듦이 있을 때, 그 힘듦을 이겨 내기 위한 방법을 알아보는 중에 선택한다. 여기에서 그 힘듦은 여러 가지의 것들이 있다.

> 학교 폭력 가해자를 만났다. 가해자는 나를 보면서 웃기도 해서 너무 두렵다. 그래서 자해를 시작했는데 방금 전에도 자해를 했다. 나만 사라지면 모든 것이 해결될 것 같다. 자해 상처는 부모님에게 들키지 않고 싶다. 죽고 싶다.(!B-01)

> 많이 우울하다. 자살을 시도한 적도 있고 자해도 해 봤다. 근데 죽는 것이 무섭다.(!B-02-1)

위 암시 사례 예시를 보면, 어떠한 원인으로 힘들어서 고통스러운데 이것이 해결되지 않자 선택한 것이 자해임을 설명하고 있다. 그리고 자해 글에는 자살이 많이 언급되는 것을 알 수 있다. 그만큼 자해는 자살과 밀접한 관계에 있으며, 결국 청소년의 자해 문제를 해결한다는 것은 청소년의 자살률을 줄이는 데 반드시 필요한 것이다.

---

23) 처음 자해하는 사람은 그것을 누군가 알아주기를 바라는 경우가 많다. 그런데 이때 이것을 알아차리지 못하거나, 알아차렸을 때 현명하게 대처하지 못하면 자해는 더 심하게 진행될 가능성이 높다.

자해자의 소통

자해를 이해하는 사람은 사실 같은 자해자뿐이다. 왜 그들이 자해하는가는 자해한 사람만이 안다. '자해계'가 만들어져 서로 소통하는 것이 그 이유다.

자해하고 있는 계정의 친구에게 힘내라고, 버티어 보라고 글을 쓴 사람의 계정에 들어가 보니 그는 더 큰 고통을 느끼는 자해 모습을 보였다. 이렇듯 자해는 자해자만이 그 이유를 명확하게 알 수 있고, 그 누구도 그 자해자의 마음을 명확하게 해석할 수 없으며, 감히 그 누구도 그를 평가할 수도 없다.

자해자와 우울계들 간에 소통을 보면, 여성 중심, 여성 위주의 모습을 보였다. 그것은 남성이 다른 목적으로 접근하거나('우울계 침범', '섹트계'), 여성의 소통은 생리적 현상을 포함하기도 해서 되도록이면 여성하고만 소통이 이루어지는 경우가 많았다.[24] 그중에 남

---

24) 강의 시 자살 남녀비율 중에서 여성의 비율이 높게 나오는 이유를 물어보는 경우가 있는데, 이것이 하나의 해답책으로 내놓는다(청소년은 다양한 성적성향을(동성애자, 양성애자등) 보여서 이런 것도 하나의 이유를 들 수 있지만, 우울증을 보인 청소년의 자해자는 같은 또래와 여성 간에 자신의 속마음을 터놓는 경우가 많다(이때 성적부분까지 포함하고 있어서 사실상 남성과 소통하기는 어렵다).

자가 여성인 척 다른 목적으로 소통을 시도하는 경우도 있어서 여성이 경계를 늦추지 않고, 남성은 외톨이게가 많다. 그래서 여성 간에 자유로운 소통에서 서로를 의지하고, 응원하고, 같은 계에서 활동을 하므로, 여자가 남자를 좋아하기보다는 여성들 간에 좋아하는 동성애자, 양성애자들이 등장하는 것이 아닌가를 생각해 본다.

자해가 자살에 영향을 미치는가?

자해가 자살에 직접적인 영향을 미치는가는 전반적인 연구가 있어야 한다. 그런데 이를 실무적인 저자의 관점에서 볼 때 자살 기도자 중 상당수가 자해자로서, 자해의 상당한 경우가 자살에 영향을 미친다고 본다.

자해자는 자해를 통해서 많은 삶의 변화를 일으킨다. 그런데 처음에 자해할 때는 '고통을 이겨 내기 위한 하나의 수단'인데, 점차 자해자들의 삶에는 더 큰 고통의 나날로 자리 잡는다.

청소년의 자해 이유와, 그의 성격 변화를 살펴보면 이해가 쉬울 것이다.(이것은 자해자 중에 자살에 이른 신고 대상자 들의 모습들이다.).

A: (아, 나 미치겠어. 요즘 왜 이렇지. 자꾸 무기력해, 아무것도 하기 싫어.

밥도 먹기 싫어, 움직이기도 싫어, 혹시 나 우울증 있는 것 아니야?)

인터넷 및 어플로 '우울증 검사기'를 검색한다.

A: (억, 나 우울증인가 봐, 어떻게 해.)

인터넷으로 '우울증이 뭐야', '우울증 초기 증상 알아보기' 등을 검색한다.

A: (아…. 안 되겠다 엄마에게 말해야겠다.) 엄마, 나 우울증 있는 것 같아.

엄마: 니 나이가 몇인데 우울증 타령이야. 니 나이 때는 다 그래, 밖에서 친구 만나고 좀 놀다 오면 괜찮을 거야.

A: (아니, 왜 날 치료 안 해 주지, 나 우울증 있는 것 맞는데, 우울증 검사에서도 높게 나왔는데.)

기간이 지나면서….

A: (나 미치겠어. 어떻게 할까. 그냥 콱 죽어 버릴까. 그런데 난 너무 어리잖아, 죽기는 너무 아깝잖아. 다른 또래 친구들은 우울증 있을 때 어떻게 이겨 내는 거야.)

SNS 및 인터넷으로 '#우울증', '#힘들어요' 등을 검색한다.

A: (힘들거나 우울증 걸린 사람이 자해 많이 하네. 이것하면 괜찮아지나 봐. 나도 한번 해 봐야지. 아프니까 살짝 해 보자. 윽 아파, 무서워, 피 나…. 다른 사람들은 어떻게 자해하는 거야.)

우울증 그룹방과 카페 및 채팅방을 돌아다니면서 정보를 취득한다.

A: (아 이제 힘들어서 죽겠어. 눈 딱 감고 한번 해 봐야겠어. 칼로 쓰으윽….
억 피나고 아파, 그런데 아프긴 한데 이상하게 피 보니까 마음이 편해졌어. 내
가 그동안 힘들었던 것과 고통이 피를 통해서 다 빠져나가는 것 같아. 아 신기
하다.)

시간이 더 길어지면서.

A: (이제 부모든 친구든 뭐든 필요 없어. 이제부터 나는 혼자야. 아무도 내
마음도 몰라주고, 내가 얼마나 힘들었으면 이렇게까지 했겠어? 그래도 아직
몰라줘? 그래 난 너희들이랑 달라, 우리 가족이랑, 내 성격이랑, 나랑 너희들
이랑 많이 다르니까, 나한테 신경 쓰지마.)

자해한 것을 처음 들킨다. 이때 엄마가 "너 미쳤냐."라고 말함.

A: (나 돌겠네, 내가 누구 때문에 자해했는데 나보고 미쳤다고 해. 그래 미
친 것 보여 줄게, 미친게 뭔지 알려 줄게.)

시간이 점점 가면서.

A: (부모님에게 들키니까 안 보이는데 해야지, 허벅지 스으윽, 앗, 여기도

더 이상 그을 데가 없네, 배에다 스으윽.)

자해는 습관성으로 진화하고, 이때는 마음의 문이 닫혀 자해를 막기는 어려워진다. 친구에게는 절교를 선언하거나, 부모와의 대화는 차단된다. 성격이 많이 변하는데 이때 부모랑 친구들이 느끼는 것은, '엇, 내 자녀 맞아?', '내 친구 맞아?', '갑자기 왜 그렇지…' 하는 것이다.

A: (아. 오늘 피 별로 안 나, 아 짜증 나, 왜 안 나는데.)

자기 마음을 알아주는 사람은 나랑 같은 처지에 있는 사람이라는 생각에서 자해계와 우울계에서 활동하고, 이들이 서로 정보를 공유하면서 더 깊은 우울감과 자해에 빠지는데, 그 참혹한 마지막은 자살이다. 그리고 한 사람이 생을 마감한 소식이 들리면 다음 차례는 내가 되려나? 라는 생각을 하는 것이 그들 계정 내의 소통이다.

A: (약물자해라면, 내가 아프면 엄마가 이해해 주겠지? 약국에서 또는 집에 있는 약을 한 번에 먹고 아프다고 하면 응급실 데려가겠지? 그때 엄마가 "그동안 힘들었었구나." 딱 한마디만 해 주면 좋겠다. 안아 줬으면 좋겠다.)

뒤늦게 정신적 질환을 앓고 있는 줄 알고 병원에 데려가서 진료.

A: (아, 이제 약 먹네, 오늘은 몇 개 있네….)

이미 마음의 문은 닫혀 있는 상태라서 쉽게 치료되기 어렵고, 부모가 할 일은 자녀가 깊은 자해를 하고 살이 벌어질 때마다 병원에 데려가서 치료받도록 하는 것을 반복하는 것뿐이거나, 자살 시도로써 병동에 입원시키는 일이 반복될 수 있다. 이렇듯 자해는 빨리 발견하고 적기에 대응하는 것이 중요하고, 장기간 방치하는 것은 매우 위험한 결과를 초래한다.

자해자는 혼자서 고립된 생활을 하는데 이것을 자신의 치유방법이라고 여길 뿐이지, 그것이 더 자신을 죽음으로 몰아가는 죽음의 첫 발걸음이라는 것을 뒤늦게 깨닫는다.

그래서 자해는 죽음을 생각하는 첫 단계이면서, 자해를 한번 한 사람은 거듭된 행동으로서 죽음을 암시하는데, 자신의 행동을 비관하면서 그때마다 원인이 발생했을 때마다 그것을 해결하기 위한 하나의 해결책이 된다.

"저는 죽을 수 있는 용기가 없는 쫄보라서 긋기밖에 못 해요."라는 글은 죽을 수 있는 용기가 없어서 자해를 하는 것이고, 그 마음을 확고히 할 때까지 자해를 할 수 있다는 의미다.

자해 첫 발견 효과적 대응 방법

첫 대응에 실패하면 상대와의 관계는 더 어려워진다. "관심 필요해?"[25] "미쳤니? 왜 그래? 정신병 있니?" 체벌하거나, 침묵하면 그때부터 자해자는 상대의 행동마다 많은 오해를 하게 된다.(내가 자해한 것 들켰으니까 엄마가 밥도 안 주는 거네, 친구가 연락을 안 받네…)

자해자들이 적은 글에 첫 대응에서 부모와 주위의 반응에서의 속상함이 많이 보이는데 "저 어떻게 해요. 엄마한테 걸렸는데 아무 말도 안 해요, 엄마가 욕하면서 집 나가라고 하네요. 자해하고 싶어서 하는 사람이 어딨어? 힘들어서 하는 건데 왜 내 마음을 몰라."라면서 첫 자해시 대응이 미흡한 것에 대한 아픔을 글로 표현한다.

그리고 자해 흔적을 가리기 위해서 자해계들 간에 다양한 정보가 많이 공유되고, 더 숨어서 한다. "자해 가리려면 어떻게 해야 하

---

25) 간혹 언론에서 자해를 관심받기 위한 행동이라고 보도하는데, 그것은 자해를 잘못 인식한 기자의 오판이자, 자해하는 청소년들에게는 매우 마음 아픈 기사다. 또한 약물자해를 '조퇴하기 위한 하나의 수단'이라는 식으로 기사를 내는데, 그것은 약물자해 한 청소년을 사회에 매장시키는 위험한 소재거리다. 그래서 사실 자해를 다룰 때는 항상 자해자의 편에서서 조심스럽게 다루어야 한다.

나요, 부모에게 걸리지 않는 최고의 방법을 알려 주세요. 내일 목욕탕 가는데 어떻게 해야 걸리지 않나요."

자해자가 발견된 때 이를 가볍게 받아들이지 말고, 더 이상 자해를 하지 않도록 도움을 줘야 한다.

때가 늦으면 거듭된 자해는 더 짙은 흔적을 보이면서 온몸에 상처를 내고, 자해 치료하느라 병원에 가는 것은 일상이면서 더 이상 삶에 대한 용기와 희망을 찾기 어려워질 수 있는 만큼, 주위 사람들의 노력만이 자해자의 자해 의지를 꺾을 수 있다.

자해를 한 것을 확인하면 중단을 강요하기보다는, 스스로의 고통이 해소되면서 중단되게끔 노력한다. 이것은 자해를 하기 까지 많이 힘들었음이 전제되어서인데, 이때 이를 정신병자로 취급하거나, 침묵하거나, 사춘기로 보거나, "힘들 때 다 그럴 수 있지."라며 말을 돌려서 하거나, 이상한 사람처럼 바라보면 자해는 중단되지 않고 자신의 힘듦을 들키지 않으면서 더욱더 숨기려는 모습을 보인다.

초기에 자해에 대해서 잘 대응하는 사람은 완치율도 높다. 그런데 이를 잘못 이해하면 끝내 대처나 감당하기가 어려워진다.

나이가 어릴수록 작은 말과 행동 하나에 상처를 받을 수 있는 만큼 자해의 인식을 통해서 그 상처가 치유될 수 있도록 도와야 한다.

자해자를 향한 인식

"그동안 힘들었구나. 미안해."
"고통을 알아차리지 못해서 미안해."

이러한 인식은 직설적으로 표현하기보다는 그 상황에 맞게 대화로 이어 가야 한다. 즉 자해자에게 말할 때 '이러한 인식을 가지고서' 질문과 답을 해야 한다.

☂ 자녀의 자해 발견

자해가 현장에서 발견된 때나, 자녀와 함께 있는 자리가 아닌 흔적으로 발견된 때의 대처 방법은 다르다.

현장에서 발견되는 것은 대부분 '도손자해'다. 왜냐면 나머지 자해의 경우는 그것이 자해인지를 잘 모르므로 이를 발견해도 지나치는 경우가 많아서다.

자녀의 방에 들어가는데 자녀가 칼 들고 자해를 하고 있었다. 부모로서는 놀라움이 클 것이다. 이때 침착하게 대응해야 한다. 먼저 '자해자를 향한 인식'을 머릿속에 새기면서 대화를 한다. 이때 주의할 것은 절대로 감정적(울거나 혼내거나 하는 등)으로 대응하면 안 된다.

자녀와 가장 밀접하게 접촉하고 있는 사람은 부모이므로, 자녀가 알지 못한 상태에서 부모가 이를 확인한 상황에서는 어떻게 접근할지를 고민해 봐야 한다. 혼자서 고민하면 힘들 수 있으므로 청소년이 자해를 왜 하는지의 다양한 질문과 답을 통해서 자녀가 어떤 이유에서 자해에 이르게 되었는지를 학습해야 한다.

자녀가 있는 자리에서 현장을 눈앞에서 목격했거나 흔적이 발견되었으면, 부모로서는 속상함이 크다. 누구든지 마찬가지다. 자해를 우리 아이가? 순간 믿기 힘들다. 그런데 이럴수록 침착해야 한다.

자해에 사용된 것을 버리거나, 욕하는 등 과격한 행동을 보인다면 그로 인한 트라우마가 깊어진다. 왜냐면 누차 말하지만 '자해는 힘든 것을 이겨 내기 위한 것인데, 이것마저도 하지 말라고 한다면 그냥 죽으라는 것 아니냐?' 이렇게 생각하는 아찔한 상황까지 올 수 있는 것이다.

그 후 부모에게 더 이상 들키지 않으려고 이를 숨기는 행동을 보이고, 그때부터 이를 해결하기 위한 노력보다는 더 심한 자해를 할 가능성이 있다.

그래서 치료될 수 있도록 하려면, 처음 어디까지 진행되었는지 자해를 왜 하는지의 많은 대화가 필요하다. 이때 자제할 것이 있다.

자제해야 할 말과 행동들

- 혼내면 안 된다.(자해를 힘들어서 하는 것인데, 혼낸다면 더 힘들 수밖에 없다.)
- 감시하는 듯한 행동을 보이면 안 된다.(수시로 방을 들락날락하면서 감시하는 것, 노골적으로 자해 검사를 하는 행동을 보이면 안 된다.)
- 먼저 이를 이겨 내기 위해서 부모가 지원을 해 주어야 하며, 그동안 아팠던 상처에 대해서 부모로서도 자녀에 대한 미안함과 힘듦을 같이 알아야 한다.(자신의 힘든 점을 내색했는데 알아차리지 못해서 자해로 이어지는 것이다.)

칼로 자해한 현장을 딱 걸림.

엄마: 지금 칼 가지고 그거 뭐 하는 거야.

순간 당황해서 처음에는 어떠한 말이든 자연스럽게 할 수 있다.

A: 아니야 아무것도.(또는 침묵⋯.)
엄마: 엄마랑 잠시 외출하자.

이때 팔을 보여 달라거나, 자해 부위를 보자고 하면 거부 반응을 일으킬 수 있다. 또한 한숨을 쉬거나, 가족이나 보호자에게 알리는 것은 자제한다.

A: (윽…. 난 죽었다. 자해 걸렸어. 어떻게 해.)

약국 도착.

엄마: 여기 제 아이인데요. 밖에서 놀다가 긁혔는데 치료제 좀 챙겨 줘요.

이때 종합병원으로 가거나, 응급실로 가면 자신을 정신병원에 입원 시키려는 것이 아닌가 의심하고, 그것이 트라우마로 남을 수 있다. 만약 자해 정도가 수술적 치료를 받아야 할 정도라면 병원으로 가야 하겠지만.

A: (생각: 엄마가 왜 그러지, 이것이 자해라는 걸 모르는가….)
엄마: 이 약으로 치료하자. 엄마가 치료해 줄게.

이때, 자해라는 말을 쓰면 안 된다. 거리감이 멀어질 수 있다.

A: (이 기분 뭐지…. 멍해….)
엄마: 너 평소에 공원 좋아하니까 거기 가서 간만에 엄마랑 데이트하자.

A: (나 아직 안 혼났어. 두려워, 언제 혼날까, 우리 엄마 같지 않아.)

엄마: 엄마도 어릴 때 힘들 때가 있었어. 그때 사춘기인 줄 알았는데 주위에서 몰라줘서 속상했어. 그때 친구가 나에게 다가와서 이런 말을 해 주네. "내가 엄마라 생각하고 힘든 것 말해 봐."라고 하더라. 그때 그 친구가 내 마음 알아줘서 너무 고맙고 행복했었어. 너도 힘든 것 있으면 앞으로 엄마를 친구라 생각하고 편하게 말해. 그럼 엄마가 항상 너의 편에서 엄마로서 널 영원히 지켜 줄게 사랑해.

포옹.

A는 이때부터 자신이 그동안 힘들어서 고통의 나날을 보내 온 자해를 하게 된 과정에 대한 서러움과 아픔을 드러낸다.

이때 "자해를 끊어라.", "그만해라." 하는 말보다는, 스스로 자해를 끊을 수 있도록 지지한다. 그런데 아직도 자해한 것이 발견되면, 방 책상 위에 치료 약을 놓으면서 편지를 통해서 사랑의 마음을 계속 전한다. 그리고 평소보다는 많은 소통을 하고, 데이트 및 여행을 같이 다니는 것도 좋다.

☂ 친구의 자해 발견

친구의 자해는 흔적을 통해서 발견될 때가 많다. 이때 친구로서는 무섭기도 하고, 한편 이것을 어떻게 해야 할지가 막막해진다.

이것을 보건 선생님에게 말하는 것도 친구에게 미안하고, 그렇다고 해서 친구 부모에게 말하면 혼날 것 같다. 그래도 이것을 모른 척하기는 친구가 더 자해하면서 아파할 것 같고, 이것을 어디서부터 말을 하며 행동해야 할지가 고민이다.

친구가 친구의 자해에 도움을 주기 위해서 자해 그룹 방에 글을 남겼다. "친구가 자해하는데 어떤 도움을 줘야 하나요." 이에 다수가 글을 적었다. "힘들 때마다 자해하지 말고 나에게 말하라고 해.", "끊을 수 있게 알려 주고 정신적 지지를 많이 해 줘야 한다."라는 등 글이 올라왔다.(신고외#B-03-1)

친구의 자해를 확인했으면, 이에 심각한 표정을 보이면 안 된다. 이해와 공감으로 더 이상 자해를 하지 않도록, 그리고 줄이도록 도움을 줘야 한다.

편지와 함께 자해로서 흉질 수 있는 상처에 바를 수 있는 연고와 밴드를 친구에게 건네주는 것이 어떨까. 이때 편지에 "사랑스러운 내 친구, 언제나 나는 널 응원해, 우리 좋은 친구가 되자."라는 등의 글을 적는다.

자제해야 할 말들

- "혼자서 많이 힘들었지? 그날 너 자해하는 것 보고 나 울었어."(친구는 같은 친구에게 자신의 약한 모습을 보이지 않으려고 한다.

그래서 친구로서보다 낮게 쳐다보는 말은 자제해야 한다.)

- "나랑 같이 병원 가서 상담 한번 받아 보자.", 또는 부모님에게 이야기를 하자거나, 학교에 상담을 받아 보자는 말은 당분간 피한다.

  (자해를 이상하게 여기면 안 된다. 이것을 곧바로 병적으로 취급하거나, 제3자에게 알리면서 문제를 해결하자는 것은 곧 절교가 될 수 있다)

간단 명료하게 "친구야 나는 너 아픈 것 이해해."라는 마음을 자해한 친구가 알 수 있는 정도만 대한다. 그 편지와 상처에 바를 연고를 받으면서 많은 생각을 할 텐데, 순간 눈물을 흐를 정도의 감정을 보일 때가 많다.

그 이후에 친구를 대할 때에는 평소처럼 해야 한다. "요즘도 자해하니?" 이렇게 물어보는 것은 피해야 한다. 자해자는 상당히 상대의 말과 행동에 민감한 반응을 보일 때가 많다. 특히 지금까지 걸리지 않던 나의 상처를 친구가 알았다는 것에서 받아들이기는 힘들다. 친구가 이를 극복하기 힘들어 보인 때는 어른에게 사실을 알려 줘야 한다.

그럼 어떻게 알려야 하는지가 고민된다. 친구가 힘든 것이 무엇인지는 서서히 소통을 하는 과정에서 파악된다. 자해를 하게 된 그 힘듦이 무엇인지를 말이다. 이것을 바로 부모에게 알리는 것은 피해야 한다. 왜냐면 부모가 이를 현명하게 대처해 나갈지도 의문이기 때문이다. 그래서 보건 선생에게 알리면서[26] 이렇게 해 주었으면 바란다는 말을 한다.

어떻게 알려야 할까?

"보건 선생님, 제 친구가 힘들어서 자해로써 이를 이겨 내고 있어요. 친구가 상담을 통해서 회복되었으면 해서 말씀드려요. 친구에게 자연스럽게 접근하면서 문제가 해결되었으면 좋겠어요."

즉, 친구가 보건 선생에게 친구의 자해에 대한 치료 및 구체적인 대안점을 제시하는 것도 방법이다.

자연스럽게?

- 성별에 따라 부모 중 어느 한명과 목욕탕에 가서 우연히 발견하는 듯한 행동을 보이면서 상담으로 이어 가는 것
- 학교에서 전체 반 학생 상대로 예방 교육을 실시하는 중에 사용한 설문지를 통해서 우연히 발견되면서 상담으로 이어 가는 것

친구의 팔에서 자해 흔적을 발견한다.

---

26) 만일에 학교를 자퇴등으로 다니지 않는 상황이면 지역 자살 예방기관에 도움을 청한다.

친구: 이거 뭐야.

처음에는 놀라서 물어보거나, 자해인 줄 모르고 말할 때가 있다.

A: 아니야, 긁혔어….

친구는 자해라는 것을 뒤늦게 알거나, 이를 알아도 어떻게 대응할지 모른 상태임. 이때 평소처럼 행동한다. 절대 그 자해 흔적에 대해서 여러 번 물어보지 않는다.

A: (아…. 친구에게 자해 걸렸네, 자해한 것 알았겠지….)
친구: 힘든 것 몰라줘서 미안해.

보듬어 준다.

A: 아니야, 왜 그래.(왜 미안하다고 하지?)

친구는 평상시처럼 움직인다.
A는 이때 친구가 자해의 알아차림을 표현하지 않아서 한층 마음은 가벼워진다.
헤어질 때.

친구: 잠시만 기다려 봐.

약국에서 치료 약을 구입한다. 돈이 부족하면 밴드라도.

친구: 선물이야. 언제든 힘들면 말해. 난 너의 친구니까.

이때부터 A는 많은 생각을 한다. 밴드를 왜 줬지? 나 자해인 것 걸린 건가. 아… 친구들 간에 소문나는 거 아니야? 엄마랑 학교에 이야기 하는 거 아니야?

다음 날.
평상시처럼 대한다. 그러면서 서서히 힘들었던 것이 무엇인지를 말하도록 하면서 대화를 한다.

🚨 자해 사진은 그들에게 무엇인가?

자해의 모습은 매우 다양하다. 간단히 자해 사진의 모습을 글로 표현해 본다. 이 글을 보면서 청소년이 얼마나 힘들어하는지, 괴로운지, 고통스러운지를 알아 가는 기회가 되기를 바란다.

- 칼로 손목을 스윽 긋고 피가 뚝뚝 흐르는 사진을 올리면서 "아파."
- 손목을 그었는데 깊게 파헤쳐지는 것 보고 "나 병원가야 하나."
- 칼을 목에 대면서 "표 안 나게 살짝만 그어야지."
- 손으로 발의 살집을 뜯어내면서 "왜 오늘은 안 뜯겨 짜증 나게."
- "오늘은 피가 잘 안 나서 짜증 나."
- 동맥 부근을 칼로 스윽 그으면서 "언젠가는 죽을 수 있겠지."
- 줄을 목에 감으면서 "이대로 눈감고 잤으면 좋겠어."
- 벽에 손을 부딪치면서 멍든 곳을 보고 "아프다."
- 이미 흉진 자해 흔적을 보면서 "내 팔 이뻐."
- "아무도 모르게 배에다 그어야지. 아… 세다."

자해의 이유는 단 하나뿐이다. '힘들어서'다. 그런데 왜 자해 전에 가족에게 힘든 것을 알리지 않았는가? 가족 등에게 힘들다고 말했는데 어느 정도 수준의 힘듦인지를 깊게 귀담아 듣지 않아서다.

눈치 채지 못했을 뿐, 반드시 자해자는 자해를 하기 전에는 자신의 힘든 점을 말한다. 그것이 가족이 될 수도 있고, 친구나, 그 누구가 되든지 간에 말이다.

힘듦 속에서 자해를 시작한 대부분의 청소년들은 가족 등에게 자신에게 쉼이 필요하다는 것을 알리고, 때로는 자해 전에 우울증이 있는가의 생각을 하면서 이를 극복하기 위한 노력을 한다. 사람들에게 알려야 하는데, 사실 이것을 이미 말했으나 이를 진지하게 받아들이지 않은 것이다.

자신만의 공간에서 누군가 자해 사진을 신고하면 강한 불만을 내비치면서 신고를 제발하지 말아달라는 글을 작성하거나, 재업로드를 하거나, 더 심한 자해를 하는 모습을 보인다.

"제발 신고하지마요."
사진: 팔에 수십 차례 칼로 긁어서 살이 파일 정도의 사진. 피가 흥건함.(신고외B-03)

"신고하지 마."
사진: 팔목에 깊은 자해를 해서 바닥에 피가 흥건히 고여 있음.(신고외B-04)

자해 사진은 고통을 이겨 낸 흔적이다. 그런데 타인은 이것을 달리 바라보는 경우가 많다.

그들이 업로드한 자해 사진이 제3자의 신고에 의해, 혹은 자체 필터링되면서 삭제될 때가 많다. 그런데 그 사진은 이제 공포, 두려움, 참혹스러운 현상이라는 인식보다는, 그들만이 그 고통을 이겨 내기 위한 살기 위한 방법으로 인식해야 한다.

자해는 자해자가 독립적인 방법으로 살기 위한 삶에 대한 의존법이다. 그런데 그러한 마음을 이해하지 않고 자해 사진이 있다고 해서 이를 유해 사진 및 자살 위험 사진이라는 판단 아래 이를 신고한다면 그를 더 힘들게 할 수 있다. 그래서 그들은 신고를 덜 당하려고 피가 진한 자해 사진을 흑백으로 보정하거나 비공개 계정으로 숨긴다.

자해 사진을 신고하기보다는 이를 상담을 통해서 스스로 완화하는 조치가 이루어져야 하는 것이 아닌가 하는 생각이 든다.

'이 자해 사진은 힘듦이 어느 정도인지'를 말이다. 자해 사진을 보면 수많은 자해 부위에 많은 상처를 볼 수 있다. 그것을 통해서 '살기 위해서 노력하고 있음'을 자각하면서 그가 적은 글이 자살 암시가 아니라면 그가 자해 의지를 꺾을 수 있도록 해야 한다.

Part **4**

자살을 줄이기 위한 노력

힘듦에 귀를 기울이자

힘듦이 고통으로 흡수되면서 결행을 하는데, 성인과 달리 청소년은 그 고통이 완전히 흡수되기 이전에 결행할 때가 많다. 그래서 청소년의 자살을 줄이기 위해서는 힘듦이 고통으로 점차 가려질 무렵에서 이를 알아차리면서 예방으로 이어져야 한다.

자살자들이 결행 직전에 보이는 흔적은 무엇일까? 이 글을 시작으로 자살을 줄이기 위해서 무엇을 해야 하는가를 생각해 보자.

"나도 사실 살고 싶었어."

청소년은 삶에 대한 미련을 남긴다. 성인은 결행 직전에 "후련하다. 미련이 없다. 아쉬움이 없다. 이제 가는 구나."라며 마치 편안한 임종을 준비하는 모습을 보일 때가 많다.

그런데 청소년은 목숨을 끊는 시점에서 "죽고 싶지 않은데 죽어야 한다, 죽을 용기는 없는데 죽어야 한다. 죽어야 하는데 죽고 싶지 않지만 용기는 있다."라며, 살고 싶은 마음을 글로서 남긴다.

그들은 이와 같이 말한다.

"누가 죽고 싶겠어?"

"죽을 수밖에 없는 것을 어른들이 알아요?"

"내가 살 수 있게 도와줬냐고요?"

"힘들다고 할 때 왜 안 도와줬나요?"

이 글을 통해서 다양한 것들이 연상된다. 글쓴이가 어떠한 생각을 가지고 있는지를 알기 위해서는 글에서 파생적인 단어들을 생각해야 한다.

연상되는 것

- 죽고 싶지 않아요.
- 제발 살려 줘요.
- 삶에 미련이 있는데 이 젊은 나이에 내가 왜 죽어야 해요.
- 나 많이 힘들었으니 이제 죽어도 되잖아요.
- 누가 나를 붙잡아 줘요 제발.
- 살려고 발버둥치고 노력했는데 안 되는 것 어떻게 해요.
- 성인 될 때까지 살 자신이 없어요.
- 죽는 과정이 너무 힘들어요.
- 죽는 것이 편하지만은 않네요.

청소년은 죽음에 대한 아쉬움을 항상 가지고 있다는 생각에서 글을 살펴봐야 한다. 성인과 다른 것이 이 부분이다.

성인은 결행 시점에서는 마음을 다 내려놓는 편이다. 그런데 청소년은 전부 내려놓기보다는 삶에 대한 미련을 보인다. 그래서 청소년이 적은 글 중에서 자살 암시인가를 판단할 때는 확정적인 것만 살펴봐서는 안되고, 불확정적이고 미련이 남은 글도 주의 깊게 살펴봐야 한다.

사실 여기에서 연상되는 것들은 자살 암시한 청소년들이 자살 결행 직전까지 써 내려간 글들이다. 이것은 자살을 준비하는 하나의 단서인데 이것을 대수롭게 생각한다면 '살려 달라는 것을 그냥 방치하는 꼴'이고, 무심함이 그의 죽음으로 답을 낸다.

그런데 이것은 자신의 생각을 글로써 표현하면서 발견되고(유서, 일기, 편지 등), 그 전에는 그 누구에게도 그 생각을 들키지 않으려고 한다.

결국 청소년이 자살로 생을 마감했다면 주위 사람들이 그의 '살고 싶다는 다양한 소리'를 심각하게 인식하지 못해서이고, 그 소리를 주의 깊게 귀 기울여서 들었다면 그의 안타까운 죽음을 막을 수 있었을 것이다.

이것은 자살 충동으로 계획 없이 결행하는 사람도 같은 맥락에서 살펴볼 수 있다.

자살 충동자의 특징은 머릿속에서 '어떻게 죽을지, 내가 여기서 죽으면 어떤 상황일지' 등 여러 가지의 것들을 계속 반복해서 생각한다. 이것은 상상과 꿈에서도 반복하는 모습을 보일 때가 있다.

이 정도까지 이르렀으면 그 역시 '자신의 고통'을 충분히 내색했을 테고, 그것을 보호자와 주위 사람들이 미리 알아차려야 하는데 이를 알아차리지 못한 것이다. 그래서 그의 머릿속에 죽음이 세뇌되어 끝내 어떤 시점에서 주변 정리를 제대로 하지 않은 채 결행한다.[27]

나는 살고 싶었어? 이 글을 보면서 무슨 생각이 들었는가? 부모 입장에서는 내 자녀가, 학교에서는 내 제자가, 주치의 입장에서는 내 환자가, 상담자에게는 나의 내담자가, 과연 살고 싶으니 도와달라는 말을 암묵적으로 한 것이 있었는가를 깊이 있게 생각해 보자.

청소년의 자살을 막기 위해서 결행 전에 보이는 다양한 징후들을 많이 논하고 있다. 그런데 그렇게 징후를 논해 봤자 현재의 결론은 어떠한가? 자살률이 줄어들었는가? 아니면 자살 예방이 효과적이었는가? 끊임없이 자살자가 생겨난다는 것은 그만큼 청소년의 힘듦에 귀를 기울이는 정도가 낮다는 것이다.

힘들다, 고통스럽다, 괴롭다, 우울하다라는 말에 귀를 더 귀울이는 노력을 어떻게 해야 하는가를 깊게 생각해 볼 필요가 있다.

---

27) 자살 충동자들이 보이는 모습은 "길 가는데 차에서 뛰어들고 싶었어, 창문 보니까 그냥 빠져나가고 싶었어, 길 가면서 높은 데만 보면서 걷는데 날고 싶었어, 집에 가는 길에 산이 있는데 목매고 싶었어."라는 등, 극적인 상황을 묘사하는 경우가 많다. 특히 집에서, 또는 학교를 왕래하는 길을 다니면서 머릿속에 자살을 수차례 생각한다. 이러한 자살 충동자는 이미 '자신의 생각 속에서 죽음이 세뇌된 경우'이므로 자살 생각에 그친 수준 이상의 결행 직전까지 있을 때가 많은데, 대부분 자살 순환을 거치지 않는 사람들, 즉 유서가 없는 경우다.

자살 징후는
고통의 최고 점수에서 평가한다

청소년과 성인과 노인의 자살 이유와 원인은 다를 수 있다. 그런데 그들은 공통적으로 '지금이 힘들고 고통스러워서' 떠난다. 그래서 힘듦과 고통이 덜해지는 노력을 해야 한다.

자살은 '힘듦과 고통'이 합치되었을 때 자살 징후가 발생하는데, 힘든 것은 참을 수 있어도, 그 힘듦이 고통에 흡수되면서 더 이상 견디지 못해 끝내 자살을 선택한다.

힘듦이 고통에 가려진 현상

살면서 힘들지 않은 사람은 거의 없다. 그래서 공부하는 것 등 수많은 것에서 우리의 현생에서 힘듦과 항상 마주하는 것은 고통이다.

힘듦만 있으면 고통은 경해지는데, 힘듦이 고통 속에 점점 흡수

될수록 자신의 감정, 심정을 외부에 드러내지 않고 힘듦은 고통 속에 전부 가려지기까지 한다.

이를 이겨 내기 위해서는 두 가지의 방법밖에 없다. '주위 사람으로부터 도움을 받는 것', '자기 스스로가 그 고통을 이겨 내는 것'이다.

그런데 청소년은 누군가 알아차리지 않은 이상 자기 스스로 고통을 감내하는 경우가 많다. 왜냐면, 이미 그 고통이 커지기 전까지는 분명히 보호자 또는 주위 사람들에게 살려 달라는 메시지를 보냈을 것이고,[28] 그로 인해서 자신의 고통을 다시 내색하는 것은 무의미하다고 생각하기 때문이다.

그러다가 그것을 감내하기 힘들어 자신이 살기 위한 하나의 방법으로 자해를 하곤 하는데, 비자해자도 많지만, 청소년들이 살기 위해서 하나의 방법인 자해를 통해 생명의 끈을 놓지 않으려는 노력을 보인다.[29]

그럼 청소년의 자살을 막으려면 무엇을 해야 할까? 힘듦이 고통 속에 흡수된 사람은 그것을 분리시키고, 고통이 완전히 흡수되기 이전이라면 더 이상 고통이 접근하지 못하도록 해야 한다.

힘듦은 어떻게 보면 자살 징후일 수 있지만, 힘들지 않은 사람은 거의 없어서 이것을 자살 징후로 취급하는 것은 무리 있고, 이는 마치 모든 청소년들의 힘듦을 자살 징후로 인식시키는 결과가 초

---

28) 명시적인 것만이 아니라, 묵시적으로도 보인다
29) 자해는 그가 살기 위한 하나의 선택적 방법이다.

래된다.

여기에서 인식의 문제를 생각해 보자. 어떤 친구가 예시로 "나 요즘 기말고사로 힘들어서 죽겠어. 미치겠어."라고 할 때 "죽겠어." 라는 것이 자살 징후인가? 만약 이것이 자살 징후라면 전국 수험생들의 대부분이 자살 징후를 가진 셈이다.

이렇듯 사람들이 혼동하는 것이 힘듦과, 자살 징후와, 자살 암시다. 힘듦에 대해서 말과 행동으로 보이는 것을 자살 징후인 것처럼 인식할 때가 있는데, 위 예시는 자살 징후가 아닌 자신의 힘듦을 감정으로 표시한 것에 불과하다.

그런데 "죽겠어."가 아니라 "죽어야 겠어."라는 어떠한 결론을 내린다면 그것은 자살 징후이고, 그 징후에 따라 자살 암시로 평가할 수 있는가를 관찰해야 한다.

그래서 청소년의 자살 암시를 평가할 때는, 힘듦과 고통이 어느 정도 흡수되었는가를 살펴보고, 그 글이 자살 징후에 그치는지, 아니면 자살 암시인지를 평가하는 단계를 거친다.

일반적 자살 징후는 많은 사람들이 가지고 있는 만큼, 일상행동에 대한 습성 및 행동까지 자살 징후로 취급하는 것(예: 요즘 입맛 없다, 말이 별로 없다, 친구랑 잘 어울리지 않는다.)은 옳지 않아 보인다. 자살 징후는 '죽음, 생명'과 관련된 것에 직접적인 것 또는 간접적으로 연상되는 것이지, 그 이외의 정황적인 것까지 징후로 평가하기에는 한계가 있어 보인다.

　그럼 어떻게 해야 자살을 예방할 수 있는가? 그 힘듦이 고통으로 더 이상 흡수되지 않도록 하는 것과, 만일에 고통에 흡수된 정도가 높으면 이를 분리시켜야 한다. 즉 이에 조력자가 필요하다. 그 조력자로는 첫째가 보호자이고, 두 번째는 친구다. 그의 고통을 조력자들이 해결할 수 없다면 즉시 다른 전문가 및 유관 기관 등을 통해서 도움을 청해야 한다.[30]

　자살 징후를 어떻게 평가할 수 있는가? 그것은 청소년의 자살 동기로 유발되는 것들을 각 항목별로 만들어서 그것에 대한 고통이 어느 정도 수반되어 있는가를 알아보면 된다.

---

30)　실상은 조력자들이 즉시 도움을 청하지는 않는다. 대개 "괜찮겠지, 괜찮을 거야, 힘내렴, 이겨 내보자, 사춘기겠지, 현재 힘들어서 일시적인 거겠지."라는 등 위로 및 격려로써 상당한 시간이 지날 때까지 지켜보는 경우가 많다. 또는 오히려 혼내거나, 왕따시키는 등 갈등을 더 악화시키기도 한다.

자살 징후인 힘듦과 고통을 평가하기 위한 설문지

내용	평가			
	30점	50점	80점	100점
기말고사 때 힘들어서 당신이 느낀 고통의 점수는 몇 점 인가요?				

'시험 때문에 힘듦' 점수가 30점이면 단순히 힘든 정도에 불과한데, 50점이면 힘듦이 고통 속에 흡수되는 과정에서 잠시 지켜볼 필요는 있다. 그런데 80점이면 힘듦이 고통 속에 상당히 흡수되어서 일부 자살 징후를 보일 수 있으므로 그것의 스트레스를 해소하기 위한 노력이 필요하다. 점수가 100점이면 매우 극한 상황으로서, 자살 징후의 하나로 판단해 볼 수 있다. 이때는 그의 행동 하나, 말 한마디를 주의 깊게 살펴볼 필요가 있고, 그의 장래를 위해서 주의 깊게 상담해 볼 필요가 있다.

이러한 설문은 가정에서 활용하면 도움 된다. 여러 가지의 항목을 만들어서 자녀가 힘들어하는 수준이 고통에 상당히 수반될 정도의 자살 징후인지를 판단함으로써 부모와 자녀사이에 소통의 기회를 만들고, 힘듦이 고통으로 더 이상 흡수되지 않도록 도울 수 있다.

특히, 부모가 이혼했거나 이혼 중인 가정, 맞벌이 부부로 다른 친족이 양육하고 있는 집안 등 다소 다른 환경을 가진 부모들이 이를 활용하면 자녀가 처해 있는 환경에서 어떤 것으로 힘들어하고 그 힘든 것이 어느 정도의 고통이 수반되었는지, 또 그로 인해서 자살을 생각했던 것인지를 자녀와의 대화를 통해서 답을 찾을 수 있다.

이제는 자살 징후를 직접 표현하기보다는 그의 힘듦과 고통의 수준에서 징후를 대체하는 수단이 필요해 보인다. 왜냐면 자녀가 고통을 수반된 때 부모가 자녀에게 "너 자살할 생각했니?"라고 말하면 그 "자살"이라는 두 글자에서 상당한 거부감과 두려움을 느낄 수밖에 없다.

그래서 이를 대체해서 '고통이 이 정도면 자살 징후의 하나가될 수 있음'을 기억해서 '그것에 대한 고통이 덜하도록 노력하는 것'이 필요하다. 즉 자살 예방은 자살 징후를 확인하는 것보다는 자살 징후가 될 만한 힘듦과 고통을 더는 것이다.

보호자에게 알릴 때의 신중성

상담자가 내담자에게 비밀 보장을 철저히 해 준다고 말할 때가 있다. 물론, 자살을 생각했다면 그때는 비밀 보장이라는 원칙은 깨지면서 보호자에게 전해질 수 있다. 이때, 상담자는 내담자의 안전은 물론이며, 추후에 책임을 피하기 위해서라도 가족에게 고지하는 것은 어떻게 보면 당연하다.

청소년은 자신의 비밀이 지켜지기를 바라지만 사실상 그 비밀이 완벽하게 지켜질 것이라고는 기대하지 않는 사람들도 꽤 있다(즉 상담을 진행할 때, 자신의 힘듦을 부모 역시 알 수 있음을 암). 반면, 그 비밀이 지켜지지 않으면 자살까지 생각하는 사람도 있다.

> 두 달 전부터 자해했다. 선생님에게 들켜서 상담을 받고 있다. 이번 주 안에 부모님에게 자해 사실을 말한다고 한다. 나는 부모님께 정말로 들키기 싫다. 만약 아시면 자살할 생각이다. 정말 무섭다.(@D-02)

보호자에게 알릴 때 원칙적 대면 상담으로 사실대로 효과적으로 전달하는 것이 필요하다.

보호자의 역할과, 양육에서 다양한 복합적인 문제가 있을 수 있으므로, 이러한 사실을 전달하기 전에는 반드시 내담자와의 관계를 확인하는 사전 상담 등 다양한 정보가 필요하다. 자해든 자살이든 간에 부모에게 알릴 때는 사실을 고지하는 것도 중요하지만, 자녀 관리를 위해서 무엇이 필요한가를 구체적으로 설명해 줘야 한다. 또한 그렇게 알리는 것을 공개할지, 숨겨야 할지도 생각해 봐야 한다.

즉, 상담자가 자해한 사실을 알고 상담 중에 자살까지 생각한 것이더라도, 우선 상담자는 가족에게 알리면 된다. 그런데 피상담자가 처해질 위기도 생각해 볼 필요가 있다. 그로 인해서 부모와의 갈등이 더 악화될 수 있는지를 말이다. 그래서 부모에게 알릴 때 이를 공개적(내담자도 알고 있음)으로 할지 비공개(내담자는 모르면서 부모에게만 알림)로 할지를 생각해 봐야 한다. 보호자에게 알릴 때 무조건 공개적으로 할 것은 아니다.

부모의 사랑 부족이 원인이면 부모에게 해당 사실을 알리되, 부모가 자녀에게 그것을 숨긴 채 자녀에게 부족한 사랑을 채워 주는 것이다. 즉 구태여 공개적으로 이를 알려야 하는지는 내담자에게는 중요하므로 이것을 한 번 더 생각해 보았으면 한다.

첫 자해, 자살 시도 사실을 보호자가 알았을 때 잘 대처하면 두 번째 자해를 막으면서 재차 결행을 막을 수 있다.

이렇게 해 보는 것은 어떨까. 학생이 자살을 생각하고 있었다. 그래서 상담으로 그 동기가 부모와의 갈등임이 확인되었다. 그 상담자는 보호자에게 알려야 할 입장이다. 그래서 학생에게 이를 말했더니, 그러지 말아 달라고 당부했다. 그래서 상담자가 학생에게 말한다. 자살 생각한 것을 보호자에게 말하지 않지만 보호자를 만나서 상담을 하겠다고 말한다.

그리고 상담자가 보호자를 만나서 미리 서약서를 받는다(자녀와의 상담한 내용을 알려 주는 것은 보호자의 요청에 의하되, 보호자가 그 내용을 자녀에게 직접 알리지 않고 지침서에 따라 자녀의 생명 안전을 위해서 노력해야 한다.) 이 서약서를 받은 후 보호자에게 알려 줄 것을 알려 준다.

각각의 고통을 덜기 위한 다양한 가이드를 마련해야 한다. 예로 한 가지만 정리해 보자.

고통을 덜기 위한 노력 지침서

고통: 차별

일	지침 내용	평가	
		○	×
1일	가족들과 외식, 또는 다 같이 식사할 때 환하게 웃기		
2일	추천 영화 중 하나를 선택해서 같이 보기(1, 2, 3)		
3일	친구를 집에 초대해서 같이 대화하기 (사랑한다, 내 딸, 내 아들 표현하기)		
4일	편지 써서 책상 위에 놓기		

설명: 자살 징후를 고통으로 표현했다. 그리고 고통의 종류는 차별이라는 것을 명시했다. 그리고 각각의 자살 동기에 따라 그에 맞는 노력이 무엇이 필요한가를 1일 차, 2일 차… 로 정리했으며 그 지침대로 했는가를 스스로 평가하도록 했다.

이러한 지침대로 부모가 이행한다면 내담자를 다시 상담할 때에는 많은 변화가 있을 걸로 기대된다. 자녀가 힘들어서 고통이 수반되어 자살까지 생각하거나 암시할 정도라면, 그의 제1조력자가 이를 스스로 해결하도록 지침을 마련하는 것이 필요하다.

이러한 지침만 제대로 마련되고 이를 부모가 잘 이행한다면 내담자가 비밀을 알리기를 극구 거부하더라도 내담자에게는 비공개로 하면서 보호자에게 이를 알려 치료의 효과를 극대화시킬 수 있을 것이다.

구조 후 관리만 철저해도
자살을 줄일 수 있다

자살자로 신고된 때 심각하게 받아들여서 관리를 철저히 해야한다. 최근에 이상한 점이 있었는지를 되짚어 보면서 '왜 그랬을까'를 생각하고, 두 번 다시는 자살 계획 및 시도를 하지 않도록 가족들을 총동원해서 많은 노력을 해야 하는데 이것을 구조 후 관리부분이라고 한다.

이미 출간한 저자의 책 『세상에서 가장 슬픈 청소년의 자살 실태이야기』에 있는 내용에서 구조 이후의 것은 잘 다루지 않았는데이번에 일부만 다루어 보고자 한다.

> 명복을 빌게요 이젠 안녕, 잘 가 이제 1주일 남았다. 처라리 사고
> 나면 가족들이 받아들이기 쉬운데, 어차피 4일밖에 못사는데, 곧 이
> 승을 떠나야 해, 이제 안 오면 영원히 오지 않을 수도, 안녕.(#D-03)

위 글은 암시 글이다. SNS에서 순차적으로 자살을 계획 중이었고, 곧 결행이 임박할 무렵에서 신고했다. 그런데 구조 당시 학생이허위 신고라며 변명했고 구조지에서 그 말을 믿고 종결했다. 부모

역시 그 말을 믿어서인지 암시자가 재차 결행하려고 움직여서 재신고했다.

구조 후 관리가 미흡하면 신고의 허탈함은 이루 말할 수 없고, 답답함이 크다. 구조지에서도 물론이며, 보호자, 기관에서도 철저한 관리가 필요하다.

마음 맞는 주치의를 찾는다

    마음 맞지 않는 상담자를 만나면 속마음을 드러내지 않으려 하고, 상담으로 인한 치료로 호전되기는 어렵다. 상담시 모든 것을 사실 그대로 이야기하면서 치료의 방향을 설정하고 목표가 달성되도록 도와야 한다.

    이것은 상담자만이 아니라 우울증 등으로 치료 중이라면, 정신건강의학과 주치의에 대한 기대감도 마찬가지다. 내가 어디까지 말해야 하는지. 자살을 시도했다고 말해야 하나? 약물을 과다 복용했는데 이것도 말해야 하나? 매일 죽고 싶은 생각이 더 강한데 말해야 하나? 라는 등 진료 전까지 많은 고민을 하는데, 담당 주치의랑 잘 맞는 사람을 보면 진료받기 전까지 한 행동과 생각들을 일일이 종이에 적어서 주치의에게 보여 주는 행동을 보였다.

    만일에 자녀의 치료가 호전되지 않으면 그것은 혹시 주치의와 잘 맞지 않아서는 아닌가를 생각해 볼 필요가 있다.

    자기에게 맞는 주치의가 있으면 그 주치의가 자신을 치료하기 위해서 노력하는 것을 고맙게 생각하면서 치료 의지를 보인다. 아이에게 바라는 주치의는, 내 말에 잘 공감해 주는 사람이다. 자신의 성격이 맞지 않음에도 어쩔 수 없이 그 주치의로부터 계속 치료를 받아야 한다면 이때는 마음의 문이 닫혀져 있는 상태에서 약만 처방받는 것이어서 사실상 치료는 잘 되지 않을 수 있다. 그래서 마음의 문을 열 수 있도록 자녀에게 꼭 맞는 주치의를 찾기 위해서 노력하는 것도 하나의 해결책이다.

> 내가 자살하면 의사 선생님이나 상담 선생님께 피해가 갈까. 만일
> 피해가 간다면 상담과 정신과도 다 끊으면 피해가 안 가나요.($D-04)

위 글은 자살 이후에 상담 선생님이나 주치의 선생님에게 피해가 가지 않을까 하는 걱정에서 글을 적었고, 아예 '상담과 정신과'를 당분간 안 하고 찾아가지 않는 것이 좋은 건가를 생각한 암시 글이다.

이것 외 주치의에게 유서를 남기는 경우를 여러 번 보았고, 또 주치의에게 미안하다, 감사하다, 미안하기 때문에 이번 마지막으로 선생님을 뵙고서 아무 말없이 떠나려고 한다는 등, 정신 건강의학과에서 치료 중인 사람은 주치의로 하여금 생명선을 연장하는 노력을 보였다.

부모나 주위 사람들에게 격하게 반응해도 주치의와 잘 통하는 사람은 주치의 말 한마디에 감정을 다스린다.

자살 시도자의 재발 관리

☔ 자살 동기의 진실을 찾는다

자살을 막으려면 '왜 자살을 하는가'의 답을 내야 한다. 이에 대한 답을 찾으려면 먼저 자살 동기를 알아야 한다. 자살 동기라 함은, '자살하려는 직접적인 이유가 무엇인가?' 즉 그의 자살에 동기를 부여한 원인을 말한다.

신고 후 청소년이 구조된 때, 동기를 밝히지 않을 때도 있다. 즉 자신의 동기를 사실 그대로 드러내지 않는다. 그리고 구조 후 부모와 자녀와 진지하게 대화할 때도 그것이 알리기가 미안한 때에는 동기를 선뜻 드러나지 않는다.

그의 실제 자살 동기와 구조 후 알게 된 동기가 불일치하면 치료에 영향을 미친다. 그래서 자살을 막으려면 동기를 알아내는 것이 매우 중요하다.

실제자살 동기 = 구조 후 동기

실제자살 동기 ≠ 구조 후 동기

예시로, 자살 동기가 '부모의 폭력'인데 이를 경찰에게 사실대로 말하지 않으면 결국 동기의 불일치로서 결행을 막기 어렵다. 또한 이러한 불일치는 요구조자를 더 힘들게 할 수 있으므로 실제 동기와 구조 후 동기가 일치되어야 한다. 반대로 동기가 일치하면 부모의 폭력을 경찰이 저지하게 되어서 훈방, 경고, 보호 처분, 접근 금지 등을 통해서 자녀의 안전을 도모할 수 있다.

동기는 상담을 통해서 구체화된다. 암시 글을 적은 이유와, 그동안 적은 글을 통해서도 나온다. 그리고 이러한 동기는 그가 말한 것에만 의존하지 말아야 하며 그의 내면에서 어떠한 동기가 있었는가를 찾아야 한다.

청소년은 동기를 숨길 수 있음을 항상 생각해야 한다. 이것을 설문지에 참여자가 과연 진실대로 응답하는가? 라는 질문에서 구체적으로 살펴볼 수 있다.

SNS에서 공유된 글들이 "자해 및 자살을 시도했다."라는 설문지에 "아니오."라고 답하라는 것이다. 청소년의 연령 및 성격등에 따라 다르지만 마음이 여리고, 작은 것에도 큰 상처를 받을 수 있다. 자살 동기가 부모로 하여금 있는 것이 아니라면 이를 숨기려고 한다.

다들 상담 받지 마요. 비밀 보장 없고 집에 가니까 엄마가 다 알던

데요.(신고외D-01)

그가 말하는 것을 믿으면 안 되고, 그가 지금까지 보인 행동, 글, 그림 등 수 가지의 것에서 그의 내면에서 사실적인 동기를 찾아야 한다.

☂ 셀프감시의 한계

보호자는 청소년이 성인이 될 때까지 셀프감시self-watch를 해야 한다. 특히 정신과 치료를 받고 있으면 특별한 관리가 필요하다. 내 자녀는 괜찮겠지? 라는 생각에서 벗어나야 한다. 자살 암시를 보인 초·중학생의 상당수 부모가 자녀의 심각성을 인지하지 못했다. 그만큼 자녀에게 대하는 태도 및, 행동, 주변 환경까지 신경써야 한다.

이러한 셀프감시는 자녀의 진실적인 생각을 미리 알아내기 위한 것이고, 그로 인해서 생명을 위협받는 요소를 미리 방지하기 위해서다. 즉, 셀프감시는 자녀의 사생활을 침해하지 말아야 하며, 단지 자녀가 죽을 생각, 자살 생각, 자살할 마음이 있는지를 알아내기 위해 필요하다.

그런데 이것이 쉽지만은 않다. 셀프감시를 어떻게 해야 하는지도

문제이고, 자녀가 적은 글에 보호자가 감정 조절이 안될 수 있기 때문이다. 예를 들어, 자녀가 깊게 자해한 사진을 올리면서 죽고 싶다는 글을 작성했다. 이 글을 보고 보호자 입장에서는 감정대로 나올 수밖에 있다. 입원시키거나, 부위를 직접 확인하면서 감정을 표현하는 등, 같이 울거나, 같이 죽자고 말하거나 기타 등등의 상황들이 생길 수 있다. 심지어 어떤 부모는 자녀의 자해에 "겁이 난다.", "무섭다."라는 표현을 한 적도 있었다.[31]

그래서 셀프감시에는 반드시 한계가 있으며, 이것에서 소극적 감시를 권유한다. 즉, 자녀의 SNS 및 메신저의 활동(소개 글, 사진, 글, 영상, 프로필명)을 지켜보면서 자녀의 이상 징후를 확인한다. 이것은 자녀의 공폰 계정까지도 포함한다.[32]

☂ 재발 방지 및 입원 시 관찰

자살 시도자에게는 많은 변화를 줘야 한다. 먼저 안식처를 바꾸는 것을 생각해 보자. 특히 고층에 거주 중인 사람은 저층 단독으로 이사 가는 것이 방법이 될 수 있다.

그리고 자살 시도 할 때 입었던 옷 등은 모두 폐기하면서 나쁜

---

31) 자해자가 부모와 메시지한 것을 업로드한 글 중에서.
32) 자녀의 휴대폰 기기 변경 시 기존 폰에 유심이 있으면 와이파이가 연결되는 곳이면 기존 계정으로 이용이 가능한 곳이 있다. 그래서 기존 휴대폰을 회수하면서 이를 미연에 방지하는 것도 필요하다.

기억을 없애 주는 것이 필요하다. 또한 방의 인테리어와 분위기를 바꾸어 주는 것도 치료에 도움이 될 수 있다.

그리고 보호자 역시 많은 변화가 있어야 한다. 보호자도 자녀와 함께 상담 프로그램에 참여하면서 지금까지 보호자의 행동과 태도 중에서 잘못된 것이 무엇인지를 알아내어서 변화하는 것이 필요하다.

이때 자녀가 '우리 엄마가, 아빠가, 누나가, 동생이, 언니가 변했네.' 하는 것을 인식할 수 있도록 노력해야 한다. 옷 장식과, 품세를 바꾸고, 행동하는 것, 가족 간에 대화하는 방법 등에서 말이다.

자살 문제 해결은 본인 의지가 중요하다. 본인이 의지가 없는데 주변에서 "살아라, 생명은 소중하다."라고 말하는 것은 사실상 효과를 보지 못한다. 이때 삶의 소중함을 느끼게 하는 것도 중요하지만, 그 무엇보다도 '행복함'을 느끼도록 해야 한다.

자살자들의 공통적인 특징은 '행복하지 않기 때문에' 죽음을 선택한다는 것이다. 조금이라도 행복함이 있으면 그 때문에 죽음을 망설이게 되고 미안함을 가지면서 죽음을 지체하거나 포기한다. 자녀가 행복을 다시 찾을 수 있어야 한다.

그런데 말이 쉽지, 어떻게 행복을 어떻게 찾아야 할지의 답을 찾기가 어렵다. 왜냐면, 닫혀진 마음의 문은 이미 우울과 익숙해지면서 그것과 친구를 맺었기 때문이다. 또한 이미 한번 자살을 시도한 사람은 그때 당시의 상황에 따라 죽음의 희열을 맛본다.

세상에서 가장 맛없는 음식을 먹었다고 해 보자. 그 맛이 쉽게 잊힐까? 아마 평생 가도 그 맛은 잊히지 않을 수 있다. 그런데 일상 생활하는 중에 괜찮다가 어떠한 이유에서 그 맛이 생각난다. 자살의 재결행자도 죽음의 희열의 맛을 재차 느낄 수 있는 기회가 생기면서 결행한다.

이렇듯 평상시에는 괜찮아 보여도 자신이 그때 맛본 맛을 되새기면서 자살을 시도하는 만큼, 그 맛을 잊을 수 있도록 하는 것이 제1의 치료 목적이다.

상황에 따라 잊는 법 예시

상황	잊는 법
거주지 아파트에서 투신 시도	1층 단독주택으로 이사
지금의 옷을 입고 자살 시도	해당 옷을 폐기 처분
집 안에서 결행 시도	다른 곳으로 거주지 이전
학교에서 결행 시도	전학

그날 있었던 기억을 통해서 죽음의 맛을 덜 느끼기 위한 방법이다. 당시 결행 당시에 있었던 환경을 변화시켜 주고, 새로운 환경으로 탈바꿈하는 것이다.

입원 등으로써 재발을 막는 것에는 한계가 있다. 즉 자녀가 본인 의지로 '살아 보겠다, 나 살 수 있어, 나 살 거야, 이겨 낼 거야.' 하는 의지와 용기가 있어야 한다. 자녀가 우울하다고 해서 보호자까지 우울감을 보이면 안 되고, 치료를 위해서는 보호자가 활력을 얻으면서 자녀가 우울감에서 지치지 않도록 삶에 생동력을 줘야 한다.

그리고 감정[33]에 주의해야 한다.("너 이번에 또 그러면 병원에 입원시킨다.") 입원 역시도 본인의 의지로 할 수 있도록 한다. 이때 보호자가 할 것은 '치료 의지 중 입원의 자의가 진실인지를 주의 깊게 지켜보는 것'이다.[34] 자의 입원은 보호자의 입장에서는 치료 의지를 보이는 것으로 생각되어서 안심하는 경우가 있는데, 그것이 진실이 아닐 수 있다.

입원 자의의 진실성 확인하는 방법

입원 전까지 행동을 유심히 지켜봐야 한다. 갑자기 자의로 입원을 하겠다고 말해서 안심해서는 안 된다. 평소에 사용하고 있는 SNS를 감시하면서 이상 징후를 확인하는 등 아이의 행동에서 주변 정리의 흔적이 있는지를 지켜본다.

이상 징후는 다양하다. 예시를 통해서 보면 첫째, 약을 안먹고 모아 놓았다. 둘째, 갑자기 편지지를 샀다(유서를 작성하기 위해서). 셋째, 평소에 웃지 않다가 웃으면서 억지 행복의 웃음을 지었다(마

---

33) 감정 조절에 실패하지 말아야 한다. 자해의 정도(자살 시도 여부 등)가 확인되지 않은 상태에서 보호자의 감정이 격해질 때가 있다.("너 도대체 왜 그래, 같이 죽자, 나 너의 모습이 무서워⋯.") 감정 조절 실패는 결국 자녀의 치료에 효과적으로 다가가지 못한다.

34) 병원 입원 전에 결행하려고 하는 것인지를 지켜봐야 한다.(다양한 암시예시들이 있는데, 용기 내서 입원한다는 아이가 그전에 결행을 준비하고 있었다. 즉 입원해서 치료된다는 확신이 불명확한 경우에 발생한다.)

음을 내려놓은 사람의 특징). 넷째, 옷을 사 달라고 한다(그 옷을 입고 마지막을 장식하기 위해서). 다섯째, 입원 전에 여행을 가려고 한다.

자의 입원자 중에 입원 경험이 없는 사람은 입원하면서 무엇이 필요한가에 관심이 많다. 입원할 때 준비할 것, 어디 병원에 가야 하나, 입원에 대한 설렘을 가지면서 필요한 것들을 준비한다. 그런데 입원 경험이 있는 사람은, 퇴원하면 다시 입원하는 등 매일이 반복될 걸로 생각한다. 그러면서 서서히 죽음을 준비하기도 한다.

☂ 죽음의 희열의 맛

사춘기와 결합된 일시적 현상에서의 자살 생각은 상담을 통해서 해결 가능해도, 이미 자살을 시도한 사람은 집중 관리가 필요하다.

왜냐면 주위에서 살라고 응원한들, 결행은 본인의 의지에 따라 결정하는 것이어서 사실상 본인이 생존 의지를 보이기 위해서 노력해야 하는데, 이미 한번 결행을 시도했거나, 결행 직전에 있었던 사람에게는 의지가 약할 수 있어서다.

CASE를 보자. A는 자살하려고 준비 중인 사람, B는 자살 직전(구체적으로 자살 계획하고 죽을 채비를 마침), C는 이미 자살을 시도하면서 실패한 사람이다. 여기에서 누가 삶의 의지가 강할 것인가다.

이것을 알아보기 위해서는 당시 구조 시점에서 어떠한 자살 방법으로 어느 시점에서 구조되었는가를 알아야 하는데 이것은 죽음의 희열을 자살 재발률의 가능성으로 볼 수 있다.

죽음을 어디까지 맛보았나?

A는 자살 생각과 준비에 그쳐 어떠한 사유에 따른 중지로서 죽음의 희열을 맛보지는 않았다. B는 자살 직전에 있었으므로 주변 정리 등을 하면서 죽음에 다가선 것일 뿐이지 시도 자체는 하지 않았다. 그런데 C는 이미 자살을 시도하다가 결행에 실패한 것이어서 죽음의 희열을 맛본 것이다. 그래서 죽음의 희열단계는 C에게만 적용한다.

'아, 죽음이란 이런 것이구나.' 하는 것을 알게 됨을 말한다. 즉 죽음의 문턱에 갔다가 살아 돌아오면서 느끼는 감정들이다. 이를 맛본 사람은 죽음이 무섭다기보다는 당시의 아쉬움을 느끼는 편이다.

> 아, 죽을 수 있었는데,
>
> 조금만 더 버티었으면,
>
> 성공할 수 있었는데.

자살을 시도한 사람은 이미 죽음의 희열을 맛본 탓에 재차 결행 의지를 보인다.

희열은 5단계로 나누는데 이렇게 나누는 이유는 죽음의 희열정도가 살려는 의지에 어느 정도의 영향을 미쳤는가를 알 수 있기 때문이다. 즉 재결행의 가능성이 높냐 낮냐, 높으면 어떻게 사후 관리를 해야 하는지의 답을 찾아내기 위해서는 이러한 희열단계에 따라 대안점이 필요하다. 이것은 자살 방법(어떠한 방법으로 했는가)과 실패 시점(희열의 몇 단계에서 실패했는가)마다 다르다.

투신의 희열정도의 점수

단계	내 용
1	투신하려고 이동하는 중
2	투신하려고 이동해서 그 자리에 서 있던 중
3	투신 자리로 여러 번 번복적인 행동을 하는 중
4	투신하기 직전(한 발만 움직이면 추락)
5	투신(장애 등으로 생존, 층수가 낮거나, 하부 장애)

투신은 예행연습을 할 때가 많다. 투신자는 '고층에 옥상 문만 열려 있는 곳'을 찾아서 투신하려 한다. 청소년 둘이 서로 만나서 그냥 높은 건물에 들어가서 옥상 문이 열려 있으면 뛰어 내리자면서 동반을 결정하기도 했다.

투신의 최고의 희열은 5단계다. 그런데 투신 실패로 골절상을 입거나 하는 사람은 그것의 아픔을 알기에 재차 투신할 의지는 약해 보인다(골절상 또는 장애를 입은 경우의 반응은, "두 번 다시는 투신 안 해, 안 떨어져, 다른 방법으로 죽을 거야." 그런데 "이번에는 더 높은 층에서 죽어야지."라는 의지를 보이는 경우도 있는데 그것은 투신 시도 시 어느 정도의 고통을 수반했는가에 따라 다르다).

희열과 결행 의지는 다르다. 여기에서 결행 의지가 큰 것은 4단계다. 즉 한발만 움직이면 죽었을 텐데, 조금만 더 빨랐어도, 한 발짝만 더 앞으로 갔더라도, 용기 내어서 한 발짝만 움직였다면 말이다.

한 가지 더 목맴의 희열을 단계로 나누어 볼 때, 목맴은 어떠한 줄인지, 매듭 방법, 줄의 굵기와, 목맴 장소와, 불완전인지 완전 목맴인지에 따라 다르다.

목맴 희열정도의 점수

단계	내 용
1	줄을 목에 감음
2	목에 감고 실행하기 전
3	실전에 들어가서 불완전 목맴 중
4	실전에 들어가서 완전 목맴 중
5	목맴 중 줄이 끊어지거나 주변 발견으로 실패

여기에서 아쉬운 단계인 죽을 수 있을 때가 어느 단계인가. 바로 5단계다. 목맴은 줄이 끊어지지 않는다면 사망할 확률이 높은데,

목을 맨 사람들은 "이것이 죽음인가."라는 글을 적는다. "줄이 끊어졌어.", "내 귀에 심장 박동 소리가 커졌어.", "갑자기 편해졌어.", "나 순간 죽음이라는 것을 느꼈다." 때로는 생명을 하늘의 뜻에 맡기기 위해서 일단 시도하는 사람도 있다. 시도 당시 옆에 가위나 칼을 놓기도 한다. 만약을 위해서 줄을 끊기 위해서다. 그런데 이것은 불완전 목맴에서 가능할 때다.

결행 흔적에 가위, 칼이 있는지에 따라 결행 의지 확인 가능

이미 결행했거나(사망), 결행이 실패해서 흔적이 있는 사람의 주위에 칼이나 가위가 있으면, 그 사람은 죽음에 확신 없이 결행을 시도를 했을 가능성이 높다. 그런데 주위에 아무것도 없으면 죽을 마음이 확고해서 결행한 것이다.

☂ 성인 되면 살 의지를 보일 거야

보호자는 자녀가 자살 시도자이거나, 계속적인 자해와 자살가능성이 높아 정신병동에 입원시킬 때 많은 고민을 한다. 꼭 이렇게까지 해야 하는가?

자녀를 병원에 입원시키는 보호자의 마음이 오죽할까. 퇴원해도 걱정이 태산이다. 앞으로 또 이러한 행동을 하면 어떻게 할지, 눈

앞이 깜깜해지면서 힘들어한다. 그런데 그것이 현실화되어 가는 것에 보호자로서도 힘들 수밖에 없다.

그래서 이것을 성인 되기 전까지 치료만 잘 받으면 될 거야라는 생각을 하자. 보호자의 걱정은 앞으로 닥칠 두려움인 바로 '자녀의 죽음'이다. 이것을 '아이가 성인되기 전까지 죽음을 선택할까 봐서'로 생각해 보자. 이 말은 곧 청소년 때만 잘 버티면 살 것임이라는 희망이 전제된다.

보호자가 희망을 가져야 한다. '우리 아이는 지금만 버티면 꼭 행복할 거야. 더 이상 아프지 않을 거야. 삶에 의지를 보일거야.'라고 생각하면 희망이 보인다. 자녀에게 미래의 희망가치를 인식시켜 줘야 한다.

그리고 보호자가 삶에 대한 의지를 심어 줘야 하는데 두려움에 떨면 자녀로서는 더 이상 버틸 힘이 없다. 물론 이것은 보호자의 마음가짐이며, 자녀에게 직접 요구해서는 안 된다.[35]

자살은 더 이상 지치고 힘이 없어서 하는 것이다. 그동안 살기 위해서 노력한 결과에서 희망이 보이지 않아서다.

한 가지 질문해 보자. 자살자에게 희망을 주면 살 수 있을까? 희망이 있다는 것은 미래를 위해서 열심히 살고자 하는 의지를 보이

---

35) 자녀에게 성인 될 때까지 버티면 된다고 말한다면, 결국 성인 된 이후에는 죽어도 되는가? 하는 의문을 가질 수 있고, 또한 삶에 대한 의지를 본인 스스로 보여야 하는데 이를 보호자가 인식시켜 주는 그 자체가 제2의 자살 동기가 될 수 있다.(예: 보호자가 자녀에게 "너는 꼭 이겨 낼 거야.", "아빠는 너를 믿는다.") 자살 우려가 상당히 큰 자녀에게 접근할 때는 보호자 역시 조심스러워한다. 말 한마디, 행동 하나하나가 다양한 상상력을 만들어 낼 수 있어서다.

기 때문에 "그렇다."라고 답을 하는 것이 맞다. 그런데 이것은 우리가 기본적으로 생각하는 희망이다.

만일에, "너의 희망은 무엇이니?"라고 질문을 했을 때, "저는 편안하게 죽는 거예요.", "이번에 꼭 죽고 싶어요.", "저승에 있는 내 친구 만나는 거예요." 등의 답을 했을 때, 오히려 죽음의 희망을 질문한 것이 된다.

그래서, 희망이 무엇인가를 물어볼 때는 하나의 조건이 전제되어야 한다. "어떻게 하면 너가 살 수 있겠니."라면서 희망의 장애물이 죽음의 희망이 아닌 살기 위한 희망이라는 것을 말해야 한다.

자살 위험에 처해 있는 사람과 대화를 할 때에는 말 한마디마다 조심해야 한다. 부모가 바란 희망은 '살고 싶을 것을 전제한 것'인데, 그 희망이 '죽는다는 대답'일 때 더 이상 희망을 기대하기 어렵기 때문이다.

도손자해 등 예방을 위한
적극적인 노력

자녀의 자해가 지금은 심각하지 않을 수 있으나, 점차 자해의 정도가 심해지거나 자살 시도를 하는 상황까지 올 수 있음을 알아야 한다. 그래서 자해를 쉽게 보아서는 안되고, 이것을 쉽게 받아들여서도 안된다. 물론 자녀 입장에서는 힘들어서 지금의 고통을 이겨내기 위해 선택한 것이지만, 한번 한 자해는 거듭될 수 있다는 생각을 해야 한다.

자해를 본인의 의지로 끊을 수 있도록 행복과 삶의 희망을 줘야 한다. 자해를 강요를 통해 끊도록 하는 것은 몰래, 숨어서 하게 만들고, 어느 날 충격적인 모습까지 보게 될 수 있다.

사람이 흉기를 이용해서 몸에 상해를 입힐 때 흉기를 댈 때부터 두려움이 몰려오고, 핏줄이 끊어지거나 흉터가 남는 것에서 후유증을 염려한다. 그런데 어린 나이에 이러한 자해를 할 정도라면 이들이 여러 고통에 시달리면서 말하지 못할 사정이 있고, 그 고통을 혼자서 감내하는 것임을 알 수 있으며, 그것은 말 그대로 '죽을 정도의 상황'에서 비롯된다.

그래서 자해한 것이 확인되면 어떠한 힘든 점이 있는지를 찾아내서 그것을 이해하고 공감하고 과연 이것의 해결책이 무엇인지를 전문가들과 의논해서 답을 찾는 것이 중요하다.

그 무엇보다도 보호자가 먼저 스스로의 반성의 기회로 삼아야 한다. 청소년이 언제부터 자해를 시작했는지를 계산하면서 그때 힘들었던 것이 무엇인가를 돌이켜 생각해 보면 자녀가 왜 자해를 시작했는가를 알 수 있다.

자해는 진화과정을 거친다. 첫째, 힘들고 고통스러움이 밀려온다. 둘째, 이것을 보호자 등에게 이야기해도 이를 심각하게 받아들이지 않는다. 셋째, 고통의 정도가 더 커지고. 넷째, 스스로 이를 극복하기 위한 해결책이 무엇인가를 고민하고. 다섯째, 같은 입장에 처해 있는 사람들과 서로 친해지면서 이들과 소통이 되는데. 여섯째, 그들이 이겨 내는 방법을 알아 가며 하는 것. 그것이 자해다. 그리고 자해 이후에는 죽음을 암시하는 글을 적다가 때로는 자살을 암시하는 만큼 과연 자해 예방을 위해서 무엇이 필요한가를 깊게 고민해 봐야 한다.

자해자에게 필요한 것은 동정과 위로가 아니다. 자신의 힘든 점을 알아주고 이것을 더 이상 하지 못하도록 해결점을 제시해 달라는 것이다.

그런데 그것은 처음 자해를 시작한 사람에게는 쉬울 수 있어도, 이미 짙은 흔적이 있는 사람에게는 어려운 과제다. 왜냐면, 한번 시작한 자해는 계속적인 스트레스와 힘든 것들이 누적되면서 다양한 성격 변화 등이 일어나 스스로도 답을 내지 못한다. 이미 한

번 한 자해가 계속된 이상 조금이라도 기분이 우울하거나 답답할 때 자신도 모르게 습관적으로 한다.

그리고 그것을 보호자 등에게 들키지 않기 위해서 다양한 자해 요령을 알아 간다. 한 해 계절 중에서 가을, 겨울까지 기다리는 사람도 있고(긴팔을 입고 티 안 내게 할 수 있어서), 집에서만 목욕하면서 자해의 흔적을 들키지 않으려 하며, 토시로 가리거나, 들키지 않을 정도의 자해를 통해서 상처가 아물기를 기다리는 등, 나름 자해에 다양한 요령이 생긴다. 이것은 자해의 흔적을 들키지 않기 위해서 이며, 자해를 하지 않으려고 마음을 먹다가도 이미 그 흔적을 통해 절망하면서 재차 시도를 거듭한다. 청소년의 자살 예방은 자해 예방이라는 원칙에서 많은 예방이 이루어져야 한다. 그래야만 청소년을 한 번 더 이해하면서 예방을 위해서 과연 무엇이 필요한가의 답이 제시된다.

법률 개정의 필요성

☂ 기관 이외의 우울증 테스트 프로그램 막아야

인증되지 않은 우울증 테스트 어플 및 프로그램(그 밖에도 인터넷 사이트에서 제공하는 것 등)을 전면 폐지하는 법안 마련이 필요하다. 상당수 청소년들이 기관 외 우울증 테스트를 통해서 자가 진단을 통해 스스로가 우울증이 있다는 전제 아래 행동을 보였다. 그만큼 미인증된 검사기는 청소년의 정신 건강에 영향을 미치게 된다. 이에 테스트 검사기 및 프로그램 인증을 허가하도록 허가제로 운영하고, 사설(보통 광고 목적으로 어플을 개발)로 운영하는 것들은 모두 금지시키는 법안 마련이 필요하다.

☂ 주사기 등 구입 제한 조치 마련

인터넷에서 누구든지 쉽게 주사기 등을 구입할 수 있다. 주사기 등은 의료용으로서 이를 구입해야 하는 것은 이것과 연관된 직업이 있는 사람들이다. 그런데 청소년 중에 사혈자해(주사기, 바늘, 튜브 등을 이용한 자해)를 하기 위해서 인터넷에서 많은 개수를 구입하는 경우가 있다. 주사기를 일반인이 구입할 이유는 부족한 만큼 의료용품으로 취급, 인터넷에서 주사기 판매를 제한하는 조치가 필요하다.

☂ 선거 공약으로 의무적으로 자살 예방 공약 내세워야

선거에서 지역구 발전 및 국가의 향상을 위한 다양한 공약을 내세운다. 극단적 선택을 시도하는 사례를 줄이고 이를 막기 위해서 의무적으로 공약을 내세운다면, 그 지역구는 물론이며 다양한 공약을 통해 타 지역에서 활용하기도 하면서 자살 예방에 기여할 수 있다.

Part 5

자살자 신고
암시예시를 통한 이해

자살 동기, 자살 전 보이는 행동 양상이 드러나도록 원문을 원용했다. 이는 현실에서 자살 예방을 위해서 과연 무엇이 필요한지의 답을 찾기는 바라는 마음에서다.

☂ 자살자 신고 절차

① 자살 위험 대상자를 전체 영역에서 찾아낸다.
② 위험자를 감시하면서 자살 노출 가능성을 확인 한다
③ 글, 사진, 영상 등 중에 암시 글이 있는가를 확인한다.
④ 모든 흔적들을 종합해서 정보를 특정한다.
⑤ 자살 암시의 진위성을 검증한다.

암시 글 한 건을 신고하기까지의 과정은 여러 가지의 절차를 거친다.

암시 글을 찾아서

사례 예시를 통해서 청소년이 결행을 마음먹기까지 얼마나 힘들었는가를 공감하기를 바란다. 그리고 암시자가 보이는 모습을 통해서 예방을 어떻게 연결시킬 것인지를 고민해 보기를 바란다. 또한 현재 청소년의 자살의 실태를 한눈에 확인하면서 우리 사회의 안타까운 사정을 되돌아보기를 바란다.

안녕. 잘 있어….

위 글은 암시로 볼 수 없다. 그런데 그가 그동안 적은 글 중에서 디데이를 설정한 것이 있는데, 해당 디데이 값을 계산해 보니 가리키는 날짜가 오늘이라면, 위 글은 암시 글이다. 그리고 해당 게시자가 적은 글, 아이디, 계정명, 팔로워들 간에 댓글 단 것, 그 글에 반응을 보인 다른 사람들의 글과, 그동안의 흔적들을 확인하면서 암시인지를 판단하고, 경우에 따라 직접 게시 글을 적은 사람과 대화를 시도하면서 어떤 의도가 있는지, 그에 따른 위험성 정도와, 신고 대상이 되는가를 확인한다.

자살 위험자 및 신고 대상자 선별

☂ 자살 위험자 집중 감시

자살자를 살리기 위해 매일 집중해서 그들의 자살 암시를 파악했고, 그들이 예정일을 더 빨리 정하기도 해서 수시로 자살 계획을 세운 대상자를 집중해서 감시해 왔다.[36]

암시 글을 찾으려고, 그리고 한 사람이라도 놓치지 않으려고 매일 밤 거의 날을 샜다. 알다시피 마지막 암시 글은 '유서, 최종 이별, 마지막 글'로서 이 글을 늦게 발견할 시 생명의 끈은 이미 놓은 경우일 수 있어서이고, 신고는 무의미해진다.

그리고 SNS의 특성상 최신 글만 수시로 업데이트되는 경우가 많아서, 때를 놓치면 상당한 시간이 지난 뒤에서 암시 글이 발견되거나, 아예 발견하지 못할 때가 있다.

---

36) 국내 통신 수사를 통해서 구조가 가능한 사안이며, 자살 계획까지 세운 것이 확인되면 신고 대상이 될 수 있다. 그런데 해외 SNS 및 해외에 서버를 둔 곳에 통신 협조가 필요한 때는 자살 계획만으로는 부족하고 확정적 결행 암시 글이어야 한다.

☂ 신고 대상자 선별

자살 계획 중인 글이 발견되었을 때에는 그가 계획대로 결행하는지의 진위 여부 등을 파악하면서 객관적 사실에 근거해서 신고한다. 그리고 도중에 자살을 계획하면서 감정 기복이 심하거나, 진지성이 엿보이지 않는 대상은 신고에서 제외한다. 그리고 단순히 "죽는다.", "죽고 싶다.", "내일 죽어야지.", "오늘 죽을 거예요."라는 글만으로는 신고할 때 신중히 하고, 구체적으로 그가 자살을 순차적으로 계획한 흔적 및, 해당 공간의 사용 목적과, 전체적인 것들을 판단해서 신고 여부를 결정한다.

하루에도 수많은 청소년들이 죽음에 대한 글을 적는다. 물론 그중에서 자살을 생각하는 글도 많다. 그렇지만 그것은 단지 자신의 힘든 점을 글로 표현한 것일 수도 있고, 그것이 모두 자살 암시 글이라고 단정할 수 없다.

만일 자살 생각을 자살 암시로 보고 신고한다면 하루에도 수백 건 이상을 신고하고도 부족할 것이다. 그로 인해 청소년의 심리적 불안감이 커질 수 있고, 해외에 통신 협조를 보내야 할 때는 우리나라는 '자살 국가'라는 불명예에서 벗어나기 어렵다. 그래서 신고 대상은 자살 생각에서 더 나아가 수 시간 이내에서 1주일 이내에 감시자의 경험칙을 최대한으로 발휘해서 자살할 위험도가 큰 대상만을 신고한다.

① 나 정말 자살하고 싶어요.

② 자살하고 싶다.

③ 자살….

④ 나 죽을까?

위 글 중 자살의 위험도가 높은 글은 어떤 것일까. ①은 간절함이 보이면서 여러 차례 자살을 생각한 것으로 보인다("정말"이라는 부분에서). ②는 자신이 현재 힘든 점을 글로 표현 한 것으로 보인다. ③은 자살할지를 고민하는 중으로 보인다.('…'은 생각하는 것이다.) ④는 자신에게 질문을 던지면서 죽을지를 고민하는 것에 그친다.

정답은 ③이다. 왜냐면 상대방에게 자살을 알리려는 목적이 아니어서다. 이렇듯 자살을 공개적으로 알리는 사람보다는 자신만의 글을 적는 사람이 자살할 가능성이 크다. 특히 SNS 비공개 계정에서 자살 암시를 보인다면 그 사람은 거의 유력자다.

자살글 예시

갑	을
· 저 이제 곧 죽을 거예요 · 내일 죽어야지 · 앗… 친구한테 전화왔다	· 저 이제 곧 죽을 거예요 · 내일 죽어야지 · (침묵)

갑과 을 중에서 자살 위험자는 누구인가. 정답은 을이다. 왜냐면 자살자는 죽음을 기약한 상태에서는 '편안함을 보이면서 침묵을 유지'하기 때문이다. 만일에 이러한 편안함 없이 불안감을 호소하거나, 욕설, 앞뒤의 내용이 맞지 않는 때에는 그것은 정신적 불안 요소로 추정된다.

"저 이제 곧 죽을 거예요."라는 글을 적은 사람이 한동안 말이 없다가 얼마 지나지 않자 마지막으로서 "안녕."이라는 글을 적었을 때 그는 결행할 가능성이 있다.

그런데 이때 갑을을 비교하면 갑은 자살을 암시했지만, 다시 일상으로 돌아왔다(앗… 친구한테 전화 왔다). 을은 내일 죽는다는 암시 글을 남기고 그 이후에 더 이상 반응이 없다. 그렇듯 암시 글을 적으면서 일상으로 돌아온 것은 자살할 마음이 확고하지 않거나, 할 생각이 없거나, 진지성이 없는 글이다.

자살 암시는 우울증이 있는 사람, 그러하지 않은 사람이 남긴다. 그런데 우울증 중에서 정신적 치료를 받는 사람과, 아닌 사람들이 있다. 특히 정신적 치료를 받는 사람들은 감정 기복이 크다(진지하게 자살할 것처럼 하다가, 어느 순간 일상으로 돌아오는 행동을 반복한다.). 그래서 결행의 진위 여부를 판단하는 척도를 마련하기 위해서 자살 방법론을 체계적으로 연구할 필요가 있다.

🚨 신고 과정

① 자살 암시 글 발견

② 그의 계정 내에 있는 글의 전체적인 내용에서 자살 동기 및 자살 암시의 진위성 판단, 당해 계정과 연결된 또 다른 그의 계정을 찾아서 전체적인 것을 검토

③ 잠시 기다림[37]

④ 1차 신고 여부 결정

⑤ 신고 내용 정리하면서 증거 캡처

⑥ 신고 내용을 제2의 폰으로 전송해서 내용 재정리[38]

⑦ 최종 신고 여부 결정

⑧ 112로 문자 전송

⑨ 통신 수사의 긴급성이 필요한 이유와 추가 자료를 전송

⑩ 구조 전까지 실시간 감시

---

37) 암시 글이 확정적이지 않은 때에는 잠시 기다림을 통해서 최종 암시 글이 올라오는지, 그와 매칭된 사람들로부터 이러한 암시 글에서 어떤 반응을 보이고 있는지를 확인한다.(예: 같이 연결된 계정 사람에게 "이 사람이 자살 한다네요."라고 말했을 때, "아, 그 사람 지금 통화했는데 술 먹어서 그랬대요."라는 등의 반응이 나타나면 신고에서 배제한다.)

38) 본래 폰에서 제2의 휴대폰으로 신고 전 내용을 정리한다. 이것은 신고 내용을 재정리하기 위함과, 결행 예정자를 확정적으로 신고할지를 결정하기 위함이다.

⑪ 신고하기 전에 대상자의 정보를 특정하거나, 신고 이후에 구
조에 필요한 특성에 주력

⑫ 구조지에서 관련 정보 요청 시 정보 제공

감시자의 역할은 여기까지다.

이러한 일련의 절차 등은 별도 감시 기법으로 정리했고, 그것을 숙
지해서 모든 업무를 본다. 끝으로 감시자는 죽을 사람을 신고하는
것으로 1건이 처리되며,[39] 신고 후 다른 암시자를 계속 찾아낸다.

---

39) 자살 암시는 감시자가 다른 업무를 할 때 발견될 때가 많다. 그때에는 모든 업무를 중단하
고 일련의 자살자신고 과정을 거치면서 신고를 한다.(예: 지하철 탑승중일 때는 즉시 하차해서
신고처리, 식사 중에 암시자 발견 시 식사중단하고 신고처리, 이동하는 중에 발견 시 모든 행동을 중지
하고 신고처리)

신고 기준 마련

효율적인 신고를 위해서 무엇이 필요한가?

생명이라는 중대한 사안에서 신고를 소홀히 할 수 없다. 자살률을 어떻게 줄여야 하나? 사실 이 물음에서 많은 고민을 했다.

☂ 신고 기준 마련을 위한 고민

처음 감시할 때 암시 글에서, 결행 의지와, 결행 방법, 구조에 필요한 특정 가능성 위주로 신고했고, 재차 결행 의지를 보이면 또다시 신고했다. 그런데 이에 대한 심각성을 인식하지 못하고, 심지어 보호자마저도 신고인에게 항의했다.

처음 이 활동을 할 때 암시 글을 신고해서 경찰이 출동하면, 자녀가 자신이 쓴 글이 아니라며 부인하는 사례가 많았고, 경찰이 신고인에게 사실 관계를 요청했다.

결국 암시 글을 올린 사람이 해당 자녀라는 것을 확인시켜 주는 등 관련 원본 사진까지 부모에게 보여 주니 그제야 뒤늦게 통곡한 사례도 있었다. 그 암시 글에는 대부분 충격적인 것이 포함되어 있다.

부모마저 심각성을 인식하지 못하면서 신고 시에는 '신고경위까지 명백히 밝힐 수 있는 단서'까지 확보해야만 했다. 그래도 어린 나이에 죽으면 안 되니 어떻게든지 한 사람이라도 살려 보자고 했던 신고인의 의도와 달리 스트레스를 감안하면서 신고를 해야만 했다.

그리고 재차 결행 의지를 보일 때 재신고를 하니, 신고의 소중함을 모르는 사람이 있었다. 사실 신고 이후에는 관내(건강 복지 증진 기관, 자살 예방 기관, 학교, 보호자, 경찰관서)의 몫이므로, 재차 신고하는 것은 다른 생명을 놓칠 수 있는 우려가 있다(그 시간에 다른 생명을 살려야 해서).

그리고 구조하는 동시에 자살 예방을 위해 그의 동기를 파악하는 것이 필요했다. 그래야만 그의 내면에 있는 자살 동기를 파악하면서 자살 예방이라는 효과를 볼 수 있는 사후적 재발 가능성을 줄일 수 있기 때문이다.

자살 암시 중 "난 지금 죽어요?" 이것은 죽음의 암시다. 그런데 "난 지금 죽어요."는 자살 암시다. 그리고 "나 지금 떨어질래 ㅎ"는 진실성이 부족한데 "나 지금 떨어질래…"는 진지성이 엿보인다.

　이렇듯 글의 해석 수준은 자살자의 신고 기준이 되는 유일한 척도다. 그런데 이것은 각각의 SNS마다 사용 방법과 목적 등이 다르므로 이에 대한 신고 기준은 각각마다 다르다.

　SNS는 '소통'과 '자신만의 공간'을 위한 것인데, 자살에 노출된 사람은 소통 목적이 아닌 자신만의 공간으로 활용한다. 이에 대한 구조도 알아야 한다.[40]

---

40)　국내 수사 기관에서 자살 위험 대상자에 대한 공문을 해당 SNS에 요청 시, 그것은 각 나라별로 자살 통계에 참고할 자료다. 그래서 해외로 요청 시에는 그 회사의 회신 기준에 만족할 수 있는가의 점수를 채점하면서 신고해야만 한다. 그러지 않고 회신 기준에 미치지 못하는 건을 신고하면 회신 거부가 되고, 그것이 누적되면서 회신률도 줄어들어 결국 생명을 지키는 데 어려움이 있다. 그래서 각각의 SNS의 자살자 신고 기준을 마련하기 위한 기법은 매우 중요하다.

자살자 신고 과정

자살자 신고할 때 실제 예시 자료인데, SNS의 특성상 원문 내용을 포함해서 신고 이유를 문자로 전송한다.

⚡ 112로 자살 암시자 신고

(O명)자살 의심자41) 구조 바랍니다(감시 번호: 20OOOOOOF-7)

[특정 정보]42)

---

41) 자살 의심 글이 발견될 때는 그 글이 없어지기 전에(결행할 사람은 계정을 탈퇴할 때도 있다)수시로 캡처해서 마지막 남긴 글이 암시인가를 판단해야 한다. 만일에 "나는 죽는다.", "잘 있어라.", "안녕."이라는 글을 시간대별로 각각 적었는데 계정을 탈퇴 및 청소하면서 마지막 최종 글인 "안녕."만 보인다고 해 보자. 과연, 이를 암시로 볼 수 있는가? 이를 미리 캡처해 두지 않으면 암시로 보기 어렵다. 그리고 특정할 만한 정보가 계정 내에 들어 있었는데 이를 미리 캡처하지 못하면 대상자를 구조할 시기를 놓친다. 물론 SNS 회사에 자살 위험 대상자 자료 협조를 요청할 수 있는데, 그 계정이 실계정주와 맞지 않거나, 이미 탈퇴해서 정보 회신이 어렵거나, 특정할 만한 정보가 부족한 때는 결국 끝내 구조하지 못한다. 그래서 자살 의심자의 글은 수시로 감시하면서 이를 캡처해 두어야 한다.

42) 특정 정보는 사전에 정보를 파악하건, 신고 당시 또는 신고 이후에 정보를 파악하는 것이 있다. SNS의 특성상 대상자 특정이 어려울 수 있는 점을 감안해서 다양한 특정 방법들이 동원된다.

사전 정보	신고 당시 정보	신고 후 정보
적은 글과 업로드한 사진, 영상, 동영상, 제2의 계정 확인, 팔로워된 친구에게 묻기(사진 및 영상 확대, 직직접 확인, 지도 검색, 유추 단서, 단서들의 종합)		암시 글에 반응한 사람 위주로 대화로써 대상자 정보 특정

[신고인] SNS자살 예방 감시단 단장[43)]

[신고 이유] (보호자에게 원문 내용 보여 주기 ○, 전달 ×)

1. 위험 정도(몇 분 경과, "암시 글").

2. 암시의 구체적인 내용 및 자살 동기 기재.

3. 가족에게 위 내용 고지하고, 적절한 조치 바람(1. 구조지에 요청

사항 적음).

(신고 전 고려된 것: 고민글 ×, 치료 중인 글 ×, 장난성 ×, 호기심 ×)

(1명)	자살 의심자 구조 바랍니다	감시 번호	20000000	F	-7
a	b	c	d	e	f

기호	의미	효과
a	신고 대상은 몇 명인가?	동반/단독
b	의심자인가 수사 대상인가?	여청계/형사계 배정
c	자체 부여된 코드는?	신고 내용 확인
d	언제 신고한 것인가?	재신고 활용
e	오늘 몇 번째인가?	특정일 파악
f	위험 수준은 어느 정도인가?	암시자의 평가

기호 f에서 대상자의 위험 정도를 알리며, 이것이 현재 신고 기준

---

43) 처음 SNS를 통한 신고를 할 때 신고인의 명확성을 위해서, 그리고 사후 관리를 철저히 하기 위해서 신고인의 명칭(신고인 SNS 자살 예방감시단 단장 ○○○, 생년월일 ○○.○○.○○., 개인, 공익 활동 중)을 적었다.

에서의 위험성 판단 점수다. 각 SNS 및 해외 사이트, 국내의 포털 사이트와 커뮤니티를 통한 자살 암시의 구분 방법은 다른데, 위험 수준의 판단은 신고 이유와 같다(신고 이유 = 위험 수준).[44]

☂ 위험 정도는 자살의 순환 과정에서 점수를 매김

자살의 순환 과정

죽음 생각	자살 생각	마음 확고	계획(준비)	재확인	결행
1	2~5	6	6~7	8	8

자살의 순환을 생각해 보자. 즉, 사람이 자살하기까지 어떠한 순서로서 결행을 맞이하는가를 말이다. 만일에 이러한 순환 없이 결행 시 그것은 '추락사, 사고사, 다른 사인 등'이 의심된다.(예: 고층에서 투신했는데 이러한 순환이 없이 사망한 경우, 그것을 자살로 단정하기 어렵다.) 그런데 때로는 갑작스런 충동에 의해 결행하기도 해서 이러한 순환이 꼭 있어야 하는 것은 아니다.

자살의 순환 없이 사망한 때, 우선 타살을 의심하고, 타살의 정황이 없을 때 자살 충동이 될 만한 사정 등이 있는가를 확인해야

---

44) 신고는 위험성의 조건을 충족한다. 자살자 기준은 위험성 척도를 기술적으로 바라봐야 한다.

한다. 자살 충동은 다양한 이유에서 발생하는데, 보통 1주일 이내에 발생한 이벤트(사건)가 있었는지를 확인하면 알 수 있는데, 이것은 자살 방법이 무엇인지에 따라 다르다(예: 현관문을 열자마자 목을 맨 것이 보일 때 그것은 부모에 대한 원망일 수 있다).

이러한 순환 과정을 통해서 자살 고위험군을(결행 중, 결행 직전, 자살 계획 중) 선별한다. 그럼 그 순환 과정에 따른 각 점수의 위험도를 살펴보자.

죽음 생각의 1점

사람이 힘들 때, 자신도 모르게 죽음이 떠오른다. "죽고 싶다."라는 것은 "살기 힘들다, 죽고 싶은 심정이다."라는 것이다. 어떠한 일에 직면했을 때 순간적인 힘듦을 자신의 입에서 나오는 말들이다. 그리고 내심에서 비추어지는 속마음이다. 죽음의 생각을 자살 생각으로 오해하는 경우가 많은데, 그것은 '죽음과 자살'은 생명을 단절시키는 것이라는 점에서 동일하기 때문이다.

자살 생각으로 글을 적는 사람은 '구체적인 자살 원인과 동기, 글의 전체적인 틀에서 죽음의 그림자'가 보이는 경우가 많고, 단지 "죽고 싶다."라는 글은 '하소연, 속상함, 답답함, 일시 충동적인 글'인 경우가 많다.

자살 생각의 2~5점

죽고 싶은 생각에서 벗어나 '자살을 생각하는 사람'이다. 단순히 죽고 싶은 심정을 벗어나서 행동한다. 그런데 이것 역시 자살 생각에 그칠 수도 있고 자살 암시로 단정할 수 없다(죽고 싶다는 것을 자살하고 싶다고 혼동해서 사용하는 경우가 많기 때문이다). 자살 생각은 자신의 머릿속에서 추상적으로 나타나고, 구체적으로 이를 생각했어도 아직 결행할 것을 마음을 먹은 것은 아니다. 그래서 자살 생각인지, 자살 생각 자체가 자살 암시 범위 이내에 있는지를 파악하는 것이 중요하다.

마음 확고~자살 계획 준비 6점

자살자는 마음을 확고하게 하면서 결행 준비에 이르고 생을 마감한다. 그래서 죽을 마음이 확고한지는 그 글에서 '죽음의 그림자'가 보인다.

이것은 글을 작성한 자의 심정에서 눈을 잠시 감고 이 글을 작성한 것이 죽기 위한 것인지를 생각해 본다. 사실 직접적인 암시 글이라면(예: "이제 죽어야겠다.") 결행 여부를 파악하기는 쉬우나, 간접적인 암시라면(예: "서서히 준비해야지.") 그것의 결행 여부를 파악하기는 쉬운 문제가 아니다.

계획(준비) 6~7점

죽을 마음이 확고한 사람은 결행일을 많이 미루지 않는다. 결행 예정일이 암시 글에(예: "저 곧 죽어요.")드러나지 않는 때는 그 암시 글에 따라 다르겠지만, 당일 또는 다음 날, 주중에 결행하는 경우가 많다. 그래서 그 과정에서 재료를 준비하는 모습이 엿보일 때가 있다.(예: "번개탄 구했어.") 이렇게 자살재료까지 준비했더라도 사실 결행일까지 감시 대상이다. 다만 이미 앞에서도 말했듯이 국내에서 특정 가능하면 즉시 신고 대상이겠지만, 해외 SNS라면 신고 시점을 적기에 정해서 신고해야 한다.

재확인과 결행의 8점

자살 준비를 해도, 그날 마지막으로 재차 결행 의지를 확인할 때가 있다.(예: "내일 죽는 날인데 오늘 친구에게 말했더니 죽지 말래, 나 어떻게 해.") 이때 결행을 포기하면서, 다시 자살 생각의 단계로 되돌아가는 순환 단계에 이를 수 있다.[45] 삶에 대한 의지가 있는 사람은 신고 대상보다는 격려와 용기가 우선해야 될 때도 있다. 즉 결행

---

45) 결행 준비까지 다 마치고서 자신의 결행을 재차 확인하는 중에 포기하더라도, 단지 죽음을 생각하는 것으로 역순환되지 않는다. 자살 생각 단계에 이르러서 서서히 진화할 것인지를 결정한다. 그래서 자살을 재차 시도하려는 것도 이 때문이다.

직전에 삶에 대한 의지가 있는지에 따라 신고 여부가 결정될 때도 있다.

0점의 의미

암시 글을 뒤늦게 발견한 때(사건 처리 및 시신 수습의 필요성이 있을 때)위험 정도 점수는 0점이다.(예: "대교에서 투신하러 가요, 안녕.")

신고 기준에서 점수를 10점까지 두지 않았다. 10점은 결행을 단정한 신고이기 때문이다. 그래서 결행 직전 및, 결행 중인 때 최대 8점으로 두면서 요구조자의 생존을 기대하는 마음에서 2점을 남겨 놓는다. 즉 8점은 10점을 의미한다.

☔ 신고 시 참고 사항

자살 동기에서 검토 의견

최종 경찰에 신고 시, 청소년인 자녀의 자살 동기가 가정 폭력이면 가정 폭력에 대한 수사 검토를, 학교 폭력이면 '학교 전담 경찰관'이 관여해 주기를 바란다는 의견을 적는다.

암시 글 원문 공개

원문 내용을(암시 글, 자살 동기 글 등) 보호자가 알면 도움이 될 수 있을 때 구조지에서 그 원문 내용을 보호자에게 읽어 주거나, 보여 주거나, 전달해 줄 것을 요청한다.

원문 내용 읽어 주는 것: 보호자가 가해자이거나, 암시 글에 욕설 등 다소 부적절한 내용이 포함된 때, 또는 부모의 충격이 상당히 클 우려가 있을 때.

원문 내용 보여 주는 것: 보호자로 하여금 충분히 자살을 막을 수 있을 때(우울, 관심, 이해, 사랑 부족 시).

원문 내용 전달하는 것: 현재 치료 중인 때, 자녀의 치료에 도움이 될 때.

요구조자 알림 대상

부모에게만 알려서 조치하는 것이 좋은지, 자녀와 함께 이 사실이 공개되면서 해결되는 것이 좋은지에 대한 의견도 제시한다.

즉 신고 시에는 신고 내용만이 아니라 자살 동기, 청소년의 안전과, 치료에 도움이 될 수 있는 의견까지 포함한다.

☂ 신고 암시예시 볼 때 참고할 것

한 건씩 신고할 때마다 글쓴이의 마음 아픈 심정을 들여다볼 수 있다.

청소년은 왜 자살을 하는지, 그 문제의 해결의 실마리를 찾기를 바란다. 다소 내용이 충격적인 부분들이 많아 이를 완화해서 정리했다.

글을 읽을 때 순서대로 생각해 보자.

첫째, 암시자의 심정은 어떠했는지.

둘째, 그리고 그 암시 글을 보고 신고하기까지 감시자의 움직임은 어떠했는지.

셋째, 경찰이 수사해서 대상자 특정 후 보호자에게 이 사실을 알렸을 때, 보호자가 받았을 충격은 어떠했는가를 같이 공감하기를 바란다.

이제 신고 사례를 본다. 내용을 함축해서 암시예시로 정리했다. 이 사례를 통해서 청소년의 자살 동기가 무엇이며, 우리 어른들이 청소년의 자살률을 줄이기 위해서, 그들의 생명을 보호하기 위해서 무엇을 해야 하는가의 답이 다 들어 있다.

암시예시를 볼 때 참고할 것: ① 암시 글 자체에 대한 보충 설명으로 주석으로 표기했고, ② 암시 글을 통한 자살 예방에 필요한 이해 부분들은 별도로 정리했다. ③ 그리고 그 사진이 무슨 사진인가를 설명했다. ④ 끝에는 코드 번호가 적혀 있다. 이 코드를 통해서 초등학생인지, 중학생인지, 고등학생인지를 알 수 있도록 했다. ⑤ 분량이 많아서 같은 유형의 것에서 설명을 했고, 그 뒤로 갈수록 암시 글 위주로 정리했다. ⑥ 이번 예시를 통해서 자살 예방에서 무엇이 필요한가의 답을 찾아보기를 바란다.

한편, 1건 신고 때마다 신고지 지방 경찰청, 실종 수사팀, 관내 지구대, 특정지 지방 경찰청, 실종 수사팀, 관내 지구대 등 무려 수십여 명 이상이 암시자 구조에 노력했다.

자살자 신고 암시 사례(구체적) 예시

진짜 죽어야 한다. 어젠 무서워서 못 했지만 오늘은 정말 죽어야 한다. 지금 아파하는 분들 다 행복해졌으면 한다. 당신들은 차가운 얼음 속에 핀 얼음꽃들 같다. 차갑고 아름답다. 눈물이 계속 흐른다. 지금도 출혈 중인데 기절을 안 한다. 약간 뼈가 보일 정도로 그었다. 다른 데도 그어야겠다.(사진: 팔에 가로세로 약 3센티미터 칼로 잘라 벌어져 있으면서 뼈가 보임.) ($C-01)

　SNS는 자신만의 공간이다. 타인이 접근하지 못하도록 계정을 비공개할 수 있다. 그 공간에서는 서로가 같은 위기에 있는 사람들 간에 모일 때가 많다. 그래서 유서는 물론이며, 생이 완전히 끝날 때까지 자신만의 공간에서 글을 적는다. 왜냐면 자신만의 공간에서 그동안 많은 위로를 받아 왔기 때문이다. 이렇듯 SNS에서의 공간은 암시자들에게는 그들만의 마지막 안식처가 되는 것이다.

　예방에 대한 생각하기
　이번 암시예시를 보면서, 자살 동기는 무엇이었을까, 그의 방법은 무엇인지, 암시자의 힘듦이 어느 정도였는지, 이것을 통해서 어떻게 자살 예방으로 이어 갈지, '내가 상담가라면', '보호자라면', '친구라면'이라는 질문을 제시하면서 암시 글을 살펴보도록 하자. 그리고 이것을 통해서 하나의 논문을 작성한다면[46] 다양한 실질적 자살 예방을 위한 노력들이 이루어질 것이다.

자살 동기	우울증으로 추정되고, 치료를 포기하면서 마지막으로 생을 마감하는 것으로 보인다.
자살 방법	칼로 동맥을 절단한 것 같다.
글을 통해서 느끼는 힘듦과 이해	그동안 많이 지쳐 있고 힘들어 보인다. 죽기 전까지 글을 적은 것을 볼 때 SNS에 많이 의지해 온 친구 같다. SNS는 자신만의 공간이라는 것을 알게 해 준다. 그리고 계정 내에 있는 친구들에게 한마디한 것에 마음이 아프다. 당시 많이 울었을 것이다.
자살 예방을 위해서 생각할 것들은	사전에 자해를 하지 못하도록 막아야 한다. 자해는 서서히 진행하다가 흉이 질 정도의 상처를 남긴다. 그리고 그러한 모습을 보면서 자살에 더 다가선다.
내가 자살 예방 상담가라면	한계가 있어 보인다. 살리기는…. 일단 행정 입원을 시키면서 마음의 안정과 자살을 억제하도록 계속적인 치료를 해야 한다.
내가 보호자라면	전문 기관의 도움을 받아서, 하라는 대로 일단 한다. 그리고 지금 상황에서 더 많은 보호자의 노력을 통해서 자녀가 살 수 있도록 아낌없는 지원을 한다. 그리고 삶의 의지를 가질 수 있도록 힘과 용기를 줘야겠다.
내가 친구라면	친구가 많이 힘들어 보인다. 이대로 있다가는 죽을 것 같다. 당분간은 옆에서 친구와 함께 있어야겠다. 많은 이야기도 하고, 대화를 통해서 친구가 살 수 있도록 하겠다.

---

46) 책 마지막 뒷장에 논문 예시처럼 말이다.

각각의 암시예시들은 자살 예방 분야의 상담자나 기관들, 자녀를 둔 보호자, 학생을 가리키는 선생과, 또한 모든 어른들에게 많은 생각을 해 줄 수 있는 것들이다. 이것을 통해서 자살을 줄이기 위해서, 내자녀의 자살을 막기 위해서, 우리 학교의 자살을 막기 위해서 무엇을 해야 하는가에 대해서 답을 찾기를 바라는 마음이다.

> 자살하고 싶다. 맨날 이러고 사는 내가 한심하다. 못 지켜 줘서 미
> 안하다. 나도 시간 지나면 거기서 끝나겠지.(사진: 밤에 찍은 바다.) 어
> 떻게 알고 이렇게 떠 줬대.(사진: 달을 고층에서 바라보는 것을 사진으로
> 찍음.) 안녕.[47] (사진: 고층 옥상에서 컴컴한 밤에 보이는 전경을 사진으로 촬
> 영함.) (@C-02)

사진이 죽음을 상징할 수 있는 것들이면 의심해 봐야 한다. 특히 저녁 무렵에 바다 사진과, 달이 뜰 때 사진을 올리면서 적은 글에는 암울할 때가 있다. 해가 뜨는 사진에는 하루의 시작을 알리면서 힘겨움만 잠시 드러날 뿐이다. 자살을 생각 중인 청소년 중에서 아파트 및 빌라에 거주자는 잠을 자기 전이나, 일어나서 사진을 찍으면서 글을 작성할 때가 많은데, 그 글을 통해서 '자살을 생각 중인지, 단지 우울함만 있는지, 아니면 자살할 마음이 확고한지,

---

47) 전체 글에서 "타인에 대한 안녕인지, 자신에 대한 안녕인지, 세상과 작별하기 위한 안녕인
지"를 살펴봐야 한다. 안녕이라는 글을 쓰기 전에 자살을 상징하는 글과 사진 등이 적어져
있으면 그것은 세상의 마지막을 알리는 안녕일 가능성이 높다. 그래서 갑작스레 뜬금없이
"안녕"이라는 메시지가 올 때는 그것이 자살 암시인가를 의심해 볼 필요가 있다.

곧 자살을 계획할지'를 어림잡아 추정해 볼 수 있다. 자살 위험자가 있는 가정은 되도록이면 고층이 아닌 단독주택으로 거주하는 것을 권유하는데, 그 이유는 이미 자살 방법 중 하나가 정해져 있기 때문이다.

> 우울증으로 3년 살았으면 많이 버티었어. 너무 지쳤고 다 놓고 쉬
>
> 고 싶어. 미안해.(#C-03)

장기간 우울증 치료를 받고 있으면 죽음을 생각할 때가 있다. 물론 전체 우울증 환자들이 겪는 것은 아니겠지만, 지금까지 신고된 사람 중에서 우울증으로 치료 중인 사람이거나, 스스로 우울증이라고 진단 내린 사람 중에서 많은 사람들이 죽음을 암시했다. 이러한 점에서 우울증 치료를 오랫동안 받고 있는 사람은 그 자체가 쉬고 싶고 삶을 놓고 싶은 마음일 수 있다. 이러한 점에서 청소년이 우울증 치료를 받고 있을 때는 '혹여나 자살을 생각하지 않을까' 하는 염려에서 자녀가 성인이 될 때까지 관리를 해야 한다. 그냥 약만 잘 먹어서 괜찮겠지, 요즘 괜찮아 보이네, 라고 안심하기보다는 성인이 될 때까지 주의 깊은 관심이 필요하다. 그리고 우울증 치료도 중요하지만 사실은 우울증 치료가 중단되도록 치료에 호전이 보일 수 있도록 가족들 전부가 노력해야 한다.

> 왜 정신적 고통이 육체적 고통보다 더 아파 미처 날 고려하지 못한

언행으로 만들어진 결과에 죽기 직전까지 후회하게 해 줘. 안 그럼 내 죽음이 너무 의미 없어지니까.(사진: 휴지에 피가 흠뻑 묻은 사진) 오늘 감은 눈이 다시는 열리지 않기를 바라.($C-04)

도손자해자는 자살하기 전 지금까지보다 더한 고통을 주는 자해로서 결행을 암시할 때가 있다. 짙은 자해를 할 정도면 정신과 치료를 받으면서 복용 중인 약도 있을 것이다. 그래서 도손자해자는 약물자해를 같이 하는 경향이 높다. 그래서 도손자해자인 자녀를 둔 보호자는 약물 관리도 같이 해야 한다. 약물자해(약물과다 복용하는 등의 방법으로서)자는 치료에 호전을 보기는커녕 이에 내성이 생겨 약을 먹어도 듣지 않을 수 있다.

죽으려는데 어떤 방법이 좋을까 약 열 알 먹고 응급실 다녀옴.(사진: 손과 휴지에 피가 묻고 바닥에 쓰러져 누워 있음.) 갈 거면 같이 가요.(제3자의 청소년이 동반 제의함.)[48] (@C-05)

타인의 동반 글을 본 사람이 자살하려고 동반을 제의할 때가 있다. 동반은 직접 찾는 과정에서 결성되거나, 자신이 적은 자살 암시를 보고 타인이 접근하면서 결성될 때가 있다. 이유는 어차피

---

48) 타인인 A의 자살 암시 글을 보고, B가 기왕에 죽을 것 같이 죽자고 한 것이다. 즉 둘의 동반 자살이 예정되었다. 그런데 A의 자살 의지보다는 B의 의지가 커보여서 B를 신고한 사례다. 즉 둘 중에 어느 하나를 선택하면서 동반을 해체시켰다.

자신도 죽을 것이고, 누군가가 있으면 죽을 용기가 더 생기면서 외
롭지 않아서다. 그런데 동반자를 구한다고 해서 반드시 동반하지
는 않는다. 이때는 동반 글에 반응을 보인 사람과 동반자들 모두
를 감시하면서 가장 위험성이 높은 대상자를 신고한다. 즉 동반을
해체시키는 것을 목표로 삼는다.

> 죽는 건 내일이지만 유서 쓸 시간이 없어서 여기에 남긴다. 바다가
> 되기로 결심했다.[49] 먼저 가서 기다리고 있을게 내가 너무 초라했고
> 자존감은 낮아져만 갔어 날 아껴 줬던 친구들아, 마지막 함께하지 못
> 해 미안하다. 마지막까지 못난 모습만 보여서 미안해.(#C-06)

　자살할 때 반드시 유서를 쓰지 않는다. 이유는 첫째, 자살이 매
우 다급하거나, 둘째, 너무나 삶이 지쳐서, 셋째, 누구에게도 말할
사람이 없어서다. 그래서 유서가 없다고 그것이 자살이 아니라고
할 수 없고, 그동안 보인 행동 등을 통해서 자살인지를 결정한다.
그리고 유서는 반드시 형식을 갖추는 것은 아니다. 그리고 각자에
게 유서를 쓰는 사람도 있지만 이를 한 번에 적을 때가 있다. SNS
에 유서 쓴 사람은 마지막 자신의 글을 적고, 결행 전 방에 계정
아이디, 패스워드만 남겨 놓을 때가 있으며, 친구에게 위와 같은
계정 정보를 보내 놓기도 한다.

---

49)　사람이 죽어서 화장하면 산이나, 바다나 고인이 원하는 곳에 뿌린다. 바다가 되기로 결심
　　했다는 글은 화장 후 바다에 뿌려 달라는 장례를 포함한 글일 수 있다.

많이 웃어야 해. 호들갑도 떨고 해야 사람들이 걱정 안 하지, 추락

해서 죽든 치여서 죽든 타 죽든 그냥 얼른 내 마지막을 보여 줘, 살

의미도 없고 이유도 없고 희망도 없어. 내일이네, 내일 잘할 수 있지

괜찮아 이제 정말 마지막인걸 괜찮아야지.($C-07)

자살자들은 주위 사람들에게 들키지 않으려고 한다. 그래서 평
소처럼 행동하는 모습을 보인다. 학교도 가고, 수업이 끝나 집에
가는 등, 결행일에 맞추면서 자살할 날만 기다린다. 여기에서 알아
야 할 것은, 자살 예정일과 자살일은 다르다는 것이다[50]. 자살 예
정일은 자살하려고 일자를 정해 놓으면서 그전까지 결행할지를 결
정하는 것인데, 자살일은 죽을 날을 받아 놓은 것이다. 그래서 자
살 예정일은 더 빨라지거나 늦추어질 수 있는데 자살 예정일을 정
한 사람들 중에서 결행 유력한 자로 신고된 사람은 그 자살 예정일
까지 자살 순환에 따른 죽음을 준비한 자다. 이러한 점에서 자살
할 사람은 보통 죽을 마음을 먹고 결행하기까지는 그리 길지 않은
데 그것은 자살 예정일이 아니라, 자살일이기 때문이다. 즉 자살
예정일은 '언제 죽을 예정이다'이며, 자살일은 '언제 죽는다'인 것이
다. 구조 대상은 자살 일을 정한 사람이지 자살 예정일을 정한 사
람이 아니며, 자살 예정일을 정한 사람은 죽음의 평온함을 보이는

---

50) 자살은 자살의 순환을 거친다. 그중에서 예외가 자살 충동에 의한 결행이다. 자살 예정일은
    곧 자살 순환을 거치고 있는 하나의 과정이다. 자살 순환 과정을 알면 그의 자살 징후를 파
    악할 수 있다. 그런데 자살 징후가 드러나지 않을 때가 많은데 왜냐면, 자살 순환의 마지막단
    계인 결행 직전인 사람은 죽음의 두려움을 가지더라도, 평온함을 보이기 때문이다.

지를 계속 지켜봐야 한다.

어린 나이에 죽음이라는 단어를 알았다. 자살하고 싶었다. 모든 걸 잃은 것 같았다. 꿈도 없고 희망도 없었다. 이제 앞으로 어떤 짓을 할지 모르겠다. 하루하루 살아가는 게 힘들다. 가족에게는 힘들다고 말을 안 한다[51]. 가족끼리 싸우니, 옥상에 올라가서 여기서 떨어지면 쉽게 죽겠지? 라는 생각을 한다.(@C-08)

청소년이 자신의 힘듦을 가족에게 보이거나 내색하지 않았을까? 혼자서 끙끙 앓아도 그것을 가족들이 알아차리지 못했을 뿐이다. 가정 내에 불화와 다툼이 잦으면 자녀가 힘들어하는 것은 당연하고, 그로 인한 고통 역시 수반된다. 그래서 청소년은 가족 내의 불화를 견디지 못해 끝내 방황에 이르게 되는데, 이때 어떤 아이는 가출을 선택하지만, 단 한 번도 가출하지 않거나 내성적인 성격이거나 가출에 자신이 없는 사람은 혼자서 고통을 감내한다. 이때 자살을 생각하는 계기가 된다. 가정 내의 불화는 자녀에게 고통을 심어 준다는 것을 항상 생각해야 한다.

왜 이리 힘든지 모르겠어. 살기 싫어, 내가 왜 죽어야만 하는지, 내

---

51) 청소년이 가정 내 불화를 주위 사람들에게 선뜻 말하기는 어렵다. 다른가족 들과 친구들과 많이 비교되기 때문이다. 그래서 가정 내 불화로 위기에 있는 청소년이 자살을 생각하고, 또 누구에게도 도움 받을 수 없으면 경찰에게 도움받을 수 있도록 도와야 한다. 그래야만 가족들이 자녀의 고통에 대해서 미안함을 가지면서 자살을 방지할 수 있기 때문이다.

가 왜 힘들어야 하는지, 힘들다 말하면 너만 힘든 것이 아니래. 매일 기쁜 척하기 힘들어. 매일 숨어 다니면서 우는 것도 힘들어. 내가 죽어야지만 주변 사람이 편할 것 같아.(@C-09)

자녀가 힘들다고 하면, 이를 대수롭지 않게 생각하는 경우가 있다. 힘들다고 할 때 귀를 기울이면서 무엇 때문에 힘들어하는지, 그리고 이를 해결하기 위해서 어떠한 노력을 해야 하는지를 관심 있는 태도를 보여야 한다. 자녀의 힘듦을 몰라주면 더 이상 자신이 힘든 것을 내색하지 않을 것이고, 겉으론 웃지만 속으론 울면서 더 힘든 나날을 보낸다. 암시자에게 두드러지게 보이는 글 중에서는 "매일 눈물이 난다."라는 것이다. 그만큼 자신의 힘듦을 알아차리지 못하니 누구에게도 기댈 수 없기 때문에 눈물로써 하루를 보낸다. 그래서 자녀의 힘듦이 무엇인가? 에 대한 고민을 깊게 해 볼 필요가 있다.

유서일 수 있지만, 선생님 제가 죽어도 탓은 하지마세요. 선생님은 좋은 의사셨어요. 제가 못 버티겠어요. 계속 저한테 힘을 주셨지만 저는 결국 못 버텼네요. 끝까지 포기 안 해 주셔서 고마워요. 가끔은 선생님이 떠나시는 꿈을 꿰요. 그래서 더 무서운 것 같아요. 완치가 어려워서 어쩔 수 없어요. 제가 죽어도 선생님 자책하지 마세요. 선생님 사랑합니다.(@C-10)

정신과 담당 선생님과 잘 맞으면 자신의 자살로 인해서 선생님이 속상해할까 봐 죽음의 길을 잠시 머뭇거린다. 그러면서 완치를 기대하면서 스스로 많은 노력을 한다. 그런데 극도로 힘들면 치료를 포기하면서 끝에는 자살을 선택한다. 이때 제일 먼저 생각나는 사람이 주위 사람 중에서 유일하게 담당 선생님일 때가 많았다. 그만큼 지금까지 살게 해 주고 유일하게 내 말을 들어 주면서 응원해 준 사람은 선생님이기 때문이 아닌가 생각이 든다. 이러한 점에서 담당 주치의의 역할은 꺼져 가는 환자의 생명을 유지하는 생명줄이다.

> 디데이 할 수 있게 되었다. 아파트 옥상이 막혀 있다. 칼로 심장을
> 찌를까. 같이 동반 자살 해요.[52] (@C-11)

동반은 마지막 죽기까지 외롭지 않게 함께하기 위한 것이다. 동반 유형은 두 가지로 살펴볼 수 있다.
① 단독 자살을 계획하면서 동반을 구하는 사람.
② 처음부터 동반할 사람을 구하는 사람.
보통은 위 ①의 경우에서 결행 의지를 깊게 보이는 편이다. 왜냐면 이미 자살을 계획했기 때문이다. 그런데 위 ②의 사람은 1주, 2

---

52) 청소년이 동반 자살을 구할 경우, 다른 범죄로 인해서 피해를 입을 수 있거나, 이미 마음을 확고하고 죽기 전에 혼자서 죽는 외로움을 달래기 위해서이므로 대상자 특정되면 신고 대상이다.

주 지나도 여전히 생존해 있고 결행 의지가 불투명하다. 동반자 중에서 구조 대상은 위 ①의 경우다.

> 오늘밤 어디에서 9시 이후에 고층 건물에서 확실하게 끝낼 생각이
> 다 같이 동반할 사람 연락 줘요.[53](@C-11-1)

자살자들이 장소와 시간까지 말할 때가 있다. 예전에는 이러한 동반 글들을 많이 보았는데, 청소년이 동반 지역과 시간까지 적은 것은 자신이 자살 계획을 세웠고, 단지 외롭기 때문에 동반을 구하는 것이다. 그래서 그시간에 동반 할 사람이 아무도 안 나와도 혼자 몸을 내던질 가능성이 높다. 자살을 자살 방법과 장소까지 계획하는 사람도 있고, 자살 방법만 고민하다가 자살일에 장소를 선택할 때가 있다. 이것은 그냥 높은 곳에서 떨어지면 죽는다는 것이라고 생각하기 때문이다. 자살을 계획한 사람의 동반은 형식일 뿐이지, 꼭 동반이 있어야만 결행하는 것은 아니다.

> 죽고 싶다. 중학생 중에 같은 지역 분 중에서 동반 하실 사람 있나
> 요. [54](@C-11-2)

---

53) 청소년이 동반을 구하고 있는데 시간과 장소까지 공개했다. 즉 청소년이 자신이 정한 시간과 장소로 나온다는 것이고, 이는 동반이 없어도 죽음을 택할 가능성이 높다.
54) 중학생이 동반을 구하고 있었는데 수시간 전에 죽음을 암시하는 글을 적었다.

서로 알지 못하는 상태에서 동반 하기는 어렵다. 왜냐면, 지역에 제약을 받기 때문이다. 청소년이 동반을 구할 때는 자신의 지역으로 오기를 바라는 것을 조건으로 내세울 때가 있다. 그런데 이것은 나이에 따라 다르다. 성숙한 청소년은 아예 동반자의 장소로 이동하기도 했다. 나이가 어린 사람이 동반을 구할 때는 같은 지역과 매칭되어야 하는데 그것이 쉽지 않아, 이미 알고 지낸 사람 중에서 자살을 생각한 사람하고 동반을 할 때가 있다.

이미 같이 자살할 사람 구했어요.(#C-11-3)

동반 글을 자진해서 삭제할 때가 있다. 이것은 자살을 포기하거나, 동반은 포기하되 혼자서 죽음을 준비할 사람, 때로는 이미 구해서 글을 삭제할 때가 있다. 이때 그 글이 삭제된 이유를 반드시 파악해야 한다. 그런데 그 글이 타인의 신고로 삭제되면서 그 글의 진위를 파악하지 못할 때가 있다(SNS에서의 동반 글을 자살 암시로 보고 자체 있는 신고 기능을 통해 신고하는 사람들이 있다). 그래서 동반 글이 삭제되기 전에 여러 가지의 방법들이 강구된다.

하루 종일 죽고 싶다는 생각밖에 안 들어. 숨이 막히고 공기가 온몸을 짓누르는 것 같다. 미칠 만큼 죽고 싶다. 어제 오늘 자살 시도했다. 옥상은 막혀 있어서 창문 있어서 열고 유서 써 놓은 전화기는 바닥에 놓고 다리부터 빼는데 창문이 너무 작아서 실패했다. 오늘은

방안에 멍하니 있다가 화장실에 있는 락스 보고[55] 마시면 죽으려나

싶어서 한 컵 입에 부었다.(#C-12)

자살자는 사실 그대로 말하면, 높은 곳만 있으면 뛰어 내린다. 그래서 아파트 및 고층 건물에 거주하는 관리인이 옥상 시건장치를 철저히 해야 한다. 그리고 자살 날에 다른 이유에서 죽지 못한 사람은 화를 낼 때가 있다. 어떤 성인은 재료의 일부가 배송이 늦게 되자, "이틀 더 살아서 화난다."라고 남겼다. 어떤 자살자는 제1, 제2의 자살 방법까지 마련해 놓기도 한다.

너네도 내가 죽었으면 좋겠지, 너무 죽고 싶다 너무 너무, 밧줄을 보고 나는 더 이상 두렵지 않다. 밧줄 시켰다.(사진: 밧줄 사진, 택배 배송 정보, 도착 예정일, 나머지는 모자이크.) 내가 죽고 나서 후회하지 마, 후회 같은 것 하지 마 죽음에 더 가까워졌다. 죽고 싶을 때 죽어야 돼, 밧줄 오면 바로 죽을 거예요, 내가 죽으면 장례식도 하지 마, 올 사람 없어.(#C-13)

내가 다 미안해 내가 살아 있어서 미안해. 다들 잘 살아요. 나 하나 사라져도 세상은 잘 돌아가겠죠. 모두들 잘 지내요 .다들 잘 지냈으면 좋겠어요. 제가 없어도 행복하시길 바라요. 이 세상 모든 아픔

---

55) 자살 우려가 있는 자녀를 둔 집에서는 섭취하면 사망할 수 있는 물건들을 관리해야 한다. 필요 시에만 구입하고 나머지는 처분한다.

제가 다 가져갈 테니 당신들은 행복하세요.[56] 미안해 정말.(사진: 아파트 고층에서 아래의 모습을 촬영함.) (#C-14)

내가 죽으면 여기 있는 사람들만이라도 행복하게 해 주세요.(@C-14-1)

그룹 및 같은 계정 내에서 누군가의 행복을 바라는 글이 보이면 그 글을 왜 적었는지를 관찰해야 한다. 그 글에 자신의 죽음이 전제되면 자살 암시 글로 평가된다. 자신이 속해 있는 비공개 그룹방, 계정 내의 사람들 간에 서로 위로 받은 사람들에게 마지막을 암시하는 것이다.

우울해, 차라리 죽었으면 좋겠어. 이제 죽음의 두려움보다는 용기를 더 얻게 된 것 같다. 죽을 수 있을 것만 같은 확신이 들어 죽을 디데이는 언제나 바뀔 수 있지만 나는 죽음에 대한 한 가지를 깨달았다. 죽음은 갑작스럽게 찾아온다. 하루를 살아갈수록 내 계획은 구체화되고 점점 실현 가능한 계획을 세우고 있다. 이제 내 죽음이 가까워지고 있음을 느낀다. 이 죽음을 막고 싶지 않고 막을 힘도 없다.(#C-15)

---

56) 우울증 있는 청소년은 우울계에 있는 사친들 간에 소통하면서, 자신이 죽을 때 남은 사람들의 우울증까지 떠안고 하늘로 떠나는 마음을 가지는 경우가 많다.

그냥 다 그만둔다. 너무 힘들고 지친다. 이젠 편해지고 싶다. 이렇게 힘들 줄 알았으면 미리 그만둘걸 그럴걸, 다들 너무 고마웠다.(날짜.) (#C-16)

암시 글 중에는 '편해지고 싶다'는 글이 많이 발견된다. 이제 삶을 내려놓기 위한 글인데, 이때 편안하다는 것에서 그의 감정을 생각해 봐야 한다. 삶이 어느 정도 지쳐 있었는가를 말이다. 그래서 편안하다고 말하기 전에는 자신이 무언가 암시를 하는 듯한 행동을 보이는데 그것을 토대로 자살 암시인가를 판단해야 한다. 그리고 마지막에 글을 마치고 날짜가 적혀 있으면 이제 이 글이 마지막 글이 될 수 있다. 특히 그 글에 "고맙다, 당신들은 행복해라." 하면서 타인에게 위로와 격려를 한다면 그것은 그에게는 유서 같은 것들이다. 또한 유서를 작성해도 결행 시기를 늦추는 경우가 있는데, 만일에 그 유서 글이 '일자'가 적혀 있는 경우는 예외다.

줄 매듭지었어 한 번 더 자살 시도 해 본다. 내가 다리를 못 놔서.[57] (@C-17)

---

[57] 목을 매려고 줄을 매듭지었다. 그런데 결행 시점에 다리를 내려놓지 못하면서 시도를 중지했다. 이것은 자살 실패가 아닌 자살 중지다. 중지자는 중간에 겁이 나서, 다른 이유에서 비롯되는데, 해당 암시 글은 자의에 의해서 완전 목맴을 중지한 것으로 보였다. 그런데 다시 시도해 보겠다는 것이다. 그만큼 자살할 용기를 더 내서 이번에는 중지하지 않고 시도할 가능성이 크다. 거듭된 중지자는 자신이 용기를 내지 못한 것에서 미안하다는 표현을 하는데, 이는 죽는다고 했는데 다시 돌아온 것을 자신의 용기 부족으로 탓하기 때문이다.

SNS 등은 자신만의 공간이고, 타인과의 소통을 이루더라도 그것은 자신과 같은 분야에 관심 있는 사람들이다. 그래서 편안하게 그 공간에서 자신이 이미 한 것과, 할 것들을 적는다. 마치 실시간으로 자살을 시도하는 모습이 연상되는 것처럼 말이다. 이때에는 그 글을 통해서 그의 모습을 머릿속에 그려 봐야 한다. 그러려면 다양한 자살 방법과, 여러 경험칙이 있어야 하는데, 이러한 경험칙으로 생명을 살리는 것이 감시자의 역할이다.

> 우울해, 피 바를 때가 정말 좋아.(사진:손목에서 피가 뚝뚝 흐르며 수십 군데 자해.) 힘들어 너무 힘들어 더 이상은 무리야. 안녕.(사진: 손바닥에 200알 정도의 약.) ($C-18)

> 나만 없어지면 돼, 나는 걸림돌이니까 나만 없어지면 너희들이 편하게 길을 걸을 수 있으나, 죽을래, 목매달아서 자살한 건데 집에 두꺼운 끈은 있는데 그 끈을 걸때가 없는데, 침대가 있긴 한데 너무 낮아서 발이 땅에 닿네.(@C-19)

> 죽기 전에 좋아하는 영화 보고 맛있는 버거도 먹고 죽을래 유서 쓸 사람 리스트 정리 중(사진: 책상에 놓인 편지지에 쓰인 글)인데, 막상 쓰려니까 슬퍼, 이제 한 칸 남았어.(사진: 마지막 유서 쓸 사람에게 할 말을 적으려고 빈 공간으로 된 다이어리.) 내가 죽고 나서 반응이 기대돼, 죽은 이후에 주위 사람들의 반응을 꿈꾸며 잔다.(@C-20)

자살 순환자는 자살 충동자와는 달리, 마음의 평온감을 찾는다. 이유는 그만큼 차분히 준비했기 때문이다. 반면에 충동자는 결행에 실패할 가능성이 있다. 왜냐면 순간적으로 충동을 일으키는 것은 쉽지만 막상 그 자리에 서 있으면 충동을 잠재우기도 하기 때문이다.(예: 집에서 공부 중인데 학업 스트레스가 커서 투신하려고 밖에 베란다로 나갔다. 그런데 막상 뛰어 내리기 전에 하늘, 바닥, 눈앞에 보이는 전경, 바람 소리를 통해서 순간 겁이 난다). 자살 순환자는 미리 다양한 정보 등을 파악한다. 자신이 죽음으로써 유족이 될 가족과, 슬퍼할 친구, 주위의 지인 등, 자신을 덜 기억하지 않기 위한 노력 등을 말이다.

사는 거 다 의미 없는 것 같다. 매일같이 친구, 사람들과 경쟁하고, 부모님께 혼난다. 이제 부모님이랑 말하고 싶지도 않다. 혼자 있고 싶다. 그냥 죽어 버리고 싶다. 이상하게 식칼을 보면 손을 그어 버리고 싶다. 난간을 보면 떨어지고 싶다. 왜 태어났나 생각한다. 어떻게 죽어야 한 번에 죽을까.(@C-21)

삶을 끝내기 전 유서를 쓰고 싶은데 최대한 부모님께 짐이 안 되는 유서 어떻게 쓰나요. 그만하고 싶어요 이제.($C-22)

글을 통해서 자살 동기가 무엇인가를 알 수 있을 때가 있다. 부모, 친구들을 걱정하면서 자살을 준비하는 사람은 그 자살 동기가 부모 친구들에게 없음을 추정해 볼 수 있다. 그러면 그는 최대한으로 부모와 친구들에게 짐이 안 되면서 떠나기를 원하는데, 자신이 이곳에서 죽었을 때 부모가 경찰 조사를 받아야 할지, 땅값이 떨어질지를 궁금해하면서 그룹 내에서 질문 글이 올라올 때가 있다. 이때에는 '이 글을 왜 궁금해해야 하는가'의 답이 제시되면 이것이 자살을 준비하는 글인지, 아닌지를 알 수 있다. 자살 암시는 '확정적인 암시'와, '비확정적인 암시'가 있다. 확정적인 암시는 누가 보아도 자살할 것임이 명백한 것들이고, 비확정적 암시는 글의 작성의도 및 그것의 해석을 통해서 암시 글인지를 평가해야 한다. 예전엔 확정적인 암시가 많았는데, 최근에는 이러한 비확정적인 글에서 암시가 발견될 때가 있다.

나만 모든 것에 뒤처져 있는 거 같다. 나는 열심히 했는데. 막막하고 힘들어서 버티기가 싫다. 아무 의미 없는 것 같고 왜 사는 건지도 모르겠다. 없어져도 아무 의미 없을 것 같다. 다른 사람도 잠깐 슬프다 말고, 몇 년이면 나 잊고 살겠지, 주변 사람한테 피해 안 주고 어떻게 해야 조용히 죽을 수 있을까. 그냥 죽는 게 나을 것 같다.(@C-23)

성인 될 때까지 반년 남았는데 그때까지 기다릴 수 없다. 나만 사라지면 다들 행복할 것 같아. 사람들의 불행이 나한테서 시작되는 것 같아서 도저히 참을 수 없다. 이번 주 일요일에 죽을 거라 마음먹었다.(#C-24)

자살암시 글에서 일자와 요일이 특정될 때가 있다. 그런데 "~에 죽을 예정이다."라는 것은 자살 예정일이지, 자살일이 아니다. 자살 예정일보다는 자살일의 위험성이 큰데 이유는 자살 순환을 거치고 있기 때문이다.

자해로 죽는 법 있나요.[58] (!C-25)

자해, 자살이라는 각 두 단어에는 많은 의미들이 숨어 있다. 글만으로 그 사람의 연령을 추정해 볼 수 있고, 또 무슨 의도에서 글을 적었는지를 알 수 있다. 자해로 죽는 법이나, 자살을 어떻게 해야 하는지 등 기본적인 것들을 물어보는 것은 대부분 초·중학생이다. 그리고 이미 자해를 시작한 사람에게는 그것이 죽음의 첫 발걸음이라서 그로 인해서 서서히 죽는 법을 습득해 간다. 즉 자해자는 자해를 통해서 죽을 수 있는 방법을 알아 가기보다는 자해로인해서 죽음에 더 가까이 가는 경우가 많다. 다만 그 자해의 끝은결국 자살이라는 두 글자에 이르는 단계까지 이를 수 있다.

너무 지쳐, 학교, 학원 가는 것도 지쳐, 아침에 일어나기도 싫어 차

---

58) 자해로 죽는 법을 알아볼 때가 있다. 이것은 자살 암시가 아니어서 신고 대상이 되지 않는다. 그런데 신고한 이유가, 동반 자살을 구하고 있는 남성이 있었는데 해당 청소년이 그 글에 친구추가 한 것이 확인되었다. 그래서 그 남성과 동반가능성을 일부 고려해서 위 글을암시 글로보고 신고했다.

에 치여 죽어 버렸으면 좋겠어.[59] 매일 가라앉는 기분이야 진짜 죽고

싶어 힘들어. 죽고 싶어.(#C-26)

10층 이상인 건물에서 떨어지면 아픔이 느껴지나요 아니면 바로

즉사할까요, 아니면 살까요.[60] #고등학교 진학 (@C-27)

목을 전선으로 졸라도 죽지 않고 머리가 깨질 듯 아파요. 죽지를

않아요.($C-28)

죽으라는 의미로 말하는 건지, 너무 답답하고 숨이 안 쉬어져요.

힘들고 저도 죽고 싶다는 생각이 들어요. 어떡하죠 힘들고 진짜.[61]

($C-29)

저 지금 자살하려는데 날 죽게 한 부모 처벌받나요.($C-30)

희망을 잃지 말라는 등, 아직 어린데 뭔 가출이냐 자살이냐 세상

은 아직 살 만하다고 말하는데, 이 말을 들으면 오히려 더 화난다. 가

출하고 싶은데 돈도 없고 잘 곳도 없으니 그냥 죽는 게 좋겠지, 다음

---

59) "차에 치여 죽어 버렸으면 좋겠어, 죽고 싶다."라는 글을 적는 사람들이 있다. 이 글은 자살
    충동자의 모습이다. 이때에는 죽음에 대한 간절함이 어느 정도인지에 따라 이를 암시 글의
    판단을 결정한다. 죽음에 간절함이 부족한 사람은 뚜렷한 자살 동기가 드러나지 않는데,
    이에 대한 간절함이 있는 사람은 자살 동기가 뚜렷한 경우가 많고, 특히 이미 어떻게 죽어
    볼까라는 생각을 할 때가 있다.
60) 관련 해시태그가 "고등학교 진학"이었다. 즉 게시자는 고등학교 진학 관련 문제로 자살을
    고려하면서 자살 방법 중에 투신을 알아보고 있으므로 신고한 사안이다.
61) 한 부모 가정으로, 부모가 자기 때문에 극단적 선택을 할 것 같은 말을 자녀에게 했고, 그
    로 인해서 자녀가 쓴 글이다. 모녀의 안전이 필요해서 신고한 사안이다.

생엔 돈이 없더라도 꼭 행복한 가정에서 태어나고 싶다.(@C-31)

오늘 죽으려고 한다. 어머니 아버지 그리고 여자 친구한테 너무 미안하다.(@C-32)

모든 사람들이 날 바보 취급하는 거 같다. 힘들어, 내 편이 있긴 한가. 자살하고 싶어요. 4층 높이에서 머리로 떨어지면 죽겠지.(#C-33)

너무 힘들고 스트레스 받고 정말로 살기 싫다. 하루도 이런 생각을 하지 않은 적이 없다. 죽기 전까지도 아프지 않았으면 좋겠다. 위로 해 주지 마세요. 더 힘들어요. 어떤 방법이라도 좋은데 안 아프게 영원히 잠드는 방법이 있나요.($C-34)

학교에서 답답하고 숨이 잘 안 쉬어지고 머리가 아파지고 어지러워서 울었다. 밤에 커튼으로 내 목을 매서 죽으려고 했다.(!C-35)

시험이다 2주 후 내 운명이 결정 된다. 사냐, 죽느냐 죽을 각오로 한건데 실패하면 살 이유가 없으니 죽겠다 살고 싶다. 날 죽음으로 몰지 마라. 며칠 후 생사가 결정 된다.(#C-36)

시험 기간 때에 조건부 자살을 암시하는 경우를 종종 본다. 이 것은 원하는 대로의 결과가 나오지 않으면 죽을 것을 전제하고 미리 유서를 쓰고, 결과가 좋으면 산다. 조건부 자살 암시자는 생사의 기로에 있게 되고, 이러한 암시를 보인 사람은 어느 한쪽에 대한 결과를 미리 생각해 놓는다. 그런데 조건이 만족하면 살 수 있으므로 그것은 따로 준비할 것이 없다. 여기에서 준비할 것은 조건이 불일치할 때를 대비해서 만일에 죽어야 한다면 어떻게 죽을 것인지, 그것을 대비한 준비를 하는 것이다.

> 15년 동안 힘들게 살아왔는데 성인 될 때까지 버텨 낼 자신이 없어. 기말고사 끝나고 죽으려고요. 나 죽으면 누가 명복이나 빌어 주면 좋겠다. 내 인생 공부 때문에 하늘나라 가게 생겼다.(@C-37)

행복은 성적순이 아니라는 말을 생각해 볼 필요가 있다. 시험 기간 전후로 자녀의 스트레스가 크면 자살까지 이를 수 있다. 이미 시험을 마쳤으면 그 결과에 따라 진로를 선택하도록 하고, 이미 지난일로 꾸짖는 것은 하지 말자. 그리고 시험 전에 "꼭 1등 해야 해."라는 압박감을 주지 않도록 하자. 청소년들이 학업으로 극심한 스트레스를 받을 때가 많다. 학교에서도 청소년의 진로도 중요하지만 가정 통신문으로 시험 기간 전후로 자녀가 자살 징후를 보이지 않도록 부모의 관심과, 사랑으로써 한마디를 하시는 것이 어떨까 한다.

> 나는 실패했다. 사는 게 힘들다. 학교 옥상에서 목매달다 줄이 끊어졌네. 다시 시도하기에는 두려워져 버렸고 살기에는 너무 힘들다.(@C-38)

자살을 몰래 시도한 사람이 의외로 있다. 그때에는 자살 시도의 정황을 파악해서 재시도를 막아야 한다. 그러지 않으면 실패한 것을 거울삼아 재차 결행에 이를 수 있다. 그런데 자살 시도를 최근에 한 것이 발견된 때 신고 대상이지만(약 24시간 이내 결행 시), 이미 그전에 한 것은 재차 결행 모습을 보일 때 신고 여부가 검토된다. 왜냐면 삶에의 의지는 본인 의지가 중요하기 때문이다.

목매달면 죽는 데 얼마나 걸릴까, 유서는 꼭 써야 하나.[62] ($C-39)

자살 암시는 SNS에서 순차적으로 보일때도 있지만, 계정에 가입하면서 자살 준비 정황이 보일 때가 있다. 자살은 자살 순환을 거치는데 이때 준비를 하기 위해서 자살 정보를 습득하는 과정에서 여러 군데에서 다양한 정보들을 습득한다. 사람들에게 물어보거나, 이미 적은 글을 통해서 습득하거나, 영상 등을 보면서 말이다. 자살 준비 정황자는 이미 죽을 마음을 먹고 죽을 채비를 하는 사람이다.

(사진: 옥상 위에서 촬영.) (사진: 손목에 깊게 파인 자해 흉터.) 죽어 버려, 태어나서 미안해, 이런 나여서 미안해 미리 작별 인사 한다. 잘 있어요, 다들 사랑하고 고마웠어.(사진: 옥상에서 하늘을 바라보며 촬

---

62) 유서를 작성해야 하는지를 사람들에게 물어보는 것은 그만큼 유서까지 쓸 여유가 없음을 의미한다.

영.) ($C-40)

우울증이 절 찾아왔어요. 사람 많은 곳에 가면 숨이 안 쉬어지고 눈물 나고 심장이 아파요. 이유 없이 너무 슬프고 서럽고 말로 형용할 수 없이 슬퍼요. 전 밤이 무서워요. 누가 제 뒤에 있는 것 같아요. 정말 죽고 싶어요. 살기 싫어요. 너무 힘들어요. 편하게 가고 싶어요. 모두의 기억에서 지워지게, 이제 지친다. 삶에 대한 미련이 사라지고 차차 계획을 세워서 자살해야겠다.(@C-41)

수업 시간에 집중도 하고 밤새서 공부하는데 결과가 안 나온다. 어릴 때부터 부모가 다투는 것 보고 살아서 트라우마가 있다. 학교에서 심리검사 했는데 위험 수치가 높다고 한다. 너무 죽고 싶다. 지금 당장 죽고 싶다.(@C-42)

심해졌지 그치, 심해졌어, 죽으려고 했으니까, 왜 내 우울증을 니네끼리 논해, 부모님 나 죽으면 꼭 행복하게 살았으면 해, 안 그러면 원통해서 귀신 될 듯, 이쁘다.(사진: 바닥에 피를 흥건히 흘림.) 오늘 하늘이 유난히 너무 예뻐서 억울하다.[63] 마지막 안녕.($C-43)

---

63) 우울계에서 종종 하늘에 있는 구름, 태양, 달, 별 사진이 보이는데, 이때는 사진과 함께 유심히 살펴봐야 할 것이 바로, 그 사진을 올리면서 쓴 글이다. "오늘 하늘이 유난히 너무 예쁜데 억울하다."라는 것은 이런 날에 죽는 것이 억울함을 의미하는 것일 수 있다.

너무 초라하게 느껴져. 죽는 게 낫지 않을까. 나도 내가 왜 이러는지 모르겠어. 지금은 그냥 죽고 싶어. 죽고 싶다. 자살하고 싶다. 오늘 수업하다 울 뻔, 살아 있을 이유가 있을까, 나라는 사람은 필요가 없을 텐데, 빨리 방학 오면 좋겠다. 그땐 어느 정도 인간관계가 정리되는 시기여서 자살하기 좋은데.(@C-44)

목매달아 죽으려고 마트 가서 밧줄 사려고 했는데 밧줄이 없대, 목매달아 죽어야겠다고 생각하고 며칠 동안 그 생각하니 내 목을 죄는 것처럼 답답했어. 한번 이러한 생각하니까 중간에 멈출 수 없어. 심장이 터질 거 같아. 방금 자살 시도 했다가 실패했다.[64] (#C-45)

밧줄을 사람 무게를 견딜 수 있는 곳에 걸어야 할 텐데 천장 어디에다 거는 거야?[65] ($C-45-1)

밧줄을 언급할 때는 '왜?'라는 의문을 가진다. 결행하기 위해서 준비 하는 중인지, 결행을 시도하기 위해서(즉 재료가 준비된 상태)매듭을 준비 중인지를 파악한다. 청소년이 "밧줄, 로프, 끈" 등을 언급한 글에는 자살을 암시한 글들이 발견될 때가 있다.

---

64) 자살을 실행하기 전에 준비 미숙으로 중지한 사안이므로 사실상 시도라할 수 없다. 그런데, 재차 결행할 수 있어서 신고한 사안이다.

65) 목맴을 암시하는 글이다. 완전 목맴을 성공하기 위해서 밧줄을 어떻게 매듭짓는지, 그 무게를 지탱할 수 있는 곳은 어디인가를 알아보는 글이다.

번개탄 마트에서도 쉽게 구입 가능한가요.[66] ($C-46)

번개탄을 청소년도 구매 가능해. 따로 나이 제한이 없을까.[67]#방, 거실 ($C-46-1)

번개탄 어디에서 파나요? 밀폐되면 죽나요? 혹시 번개탄은 미성년자는 못 구매할까요.($C-46-2)

요즘에는 아무것도 안 하고 방에서 휴대폰 하는 거밖에 없다. 뭔가 그냥 귀찮다는 느낌이고, 요즘엔 밤만 되면 자꾸 눈물이 나요. 얼마 전에는 근처 아파트에서 뛰어내리려고 했어요. 자세한 계획도 다 짜 놨고, 준비도 했는데.(@C-47)

정말 왜 이렇지? 싶을 정도로 의욕도 없고[68] 뭐든 끝내고 포기하고 싶어, 학원도 다니기 싫고 부모님과도 싸워서 방에서 쓸데없는 인터넷만 하고 계속 자, 나 이러다가 진짜 죽으면 어떡해 너무 짜증 나고 답답하고 울고 싶어. 나 진짜 이대로 어떡해, 너무 불안하고 죽을 같아. 나 곧 죽나 봐.(#C-48)

---

66) 번개탄은 성인이라면 어디서든지 구입이 가능하다. 이 정도의 구입 경로를 모른다면 나이 어린 청소년일 가능성이 컸다. 그래서 그 글에 반응을 기다리면서 확인한 바, "타인의 글에서(유서 쓰고 좋은 곳으로 가세요. 그동안 고생했다.) 반응했다(감사합니다)." 따라서 청소년이 결행할 마음에서 자살 방법인 탄 결행을 의도한 것으로 보여서 신고한 사안이다.

67) 번개탄과 관련된 글을 검색하다 보면 청소년이 번개탄을 구입하려고 할 때가 있다. 캠핑 및 다른 목적으로도 구입할 수 있어서 그 자체는 신고 대상이 되지 않는다. 그런데 의심스러운 점이 있었다. 관련 태그다. 이를 연결하면 즉 방에서 탄 결행하려는 것이다.

68) 자살 암시자 중에서 초등학생과 중학생에서 무기력증을 많이 보였다. 특히 초등학생은 그 무기력을 죽어 가는 과정의 하나로 인식하기도 했다.

그냥 공부하기도 싫고 사는 것도 재미없다. 학교 폭력이나 가정 폭력 그런 것도 없는데 죽으려고 생각한다. 아픈건 싫은데 안 아프게 죽으려면 어떻게 하지.(!C-48-1)

초등학생도 무기력증을 보이는 경우를 많이 보았다. 무기력증이 있는 사람들에게서 보이는 것은, "사는 게 재미없어.", "아침에 왜 숨 쉬는지 모르겠어.", "그냥 눈물 난다.", "답답해.", "죽을 것 같은 생각." 등이다. 이것이 병적 증세로 보일 수 있으나 삶의 힘듦이 고통에 흡수되면서 생겨나는 것이다. 이러한 무기력감을 없애기 위해서 많은 노력들이 필요하다. 이미 앞서 자살은 '행복을 찾을 수 없어서' 한다고 했다. 그러면 그러한 행복을 찾을 수 있는 첫 번째로 웃을 수 있는 시간을 주는 것이 좋지 않을까 싶다.

인생이 재미가 없고 의미도 없고 그냥 죽는 게 더 나을 것 같은 느낌이다. 자살 시도도 해 보고 이러다 보니 인생을 너무 빨리 알았다.(!C-48-2)

항우울제 따로는 못 구하나, 미성년자는 약 왜 안 줘, 죽으라는 거야, 자살하라는 거야, 우울증 때문에 미치겠는데 부모님이 나 우울증 알면 미칠 텐데, 그럼 저 그땐 진짜 죽어, 상담 같은 거 받고 싶지 않고 그냥 약만 줘, 저 진짜 이러다가 자살할 것 같아요.(@C-49)

청소년은 자신이 우울증이 있음을 자각하는 경우가 많다. 그런데 그 사실을 부모에게 말해서 해결해야 하는데, 부모가 자신에 대한 기대감이 클 때 우울증을 들키지 않으려 한다. 혼자서 우울증 약을 구해야 하는데 그러려면 상담을 받아야 하고, 그것이 가족에게 알려질 수 있어서 혼자서 죽음과 맞선다.

누구한테도 사랑 못 받고 친구들이랑도 멀어지고 가족은 나만 미워함. 동생이랑 나랑 대하는 태도가 달라, 하루에 한 번씩 죽고 싶단 생각 해. 투신하려다가 덜덜 떨면서 돌아온 이후로 뭔가 아슬아슬하게 살아 있는 느낌이야, 진짜 안 아프게 조용하게 무섭지 않게 죽는 법없을까, 죽지 말라 하지 말고.(#C-50)

내가 힘든 것만 해도 스트레스 받아 죽겠어. 다른 사람들까지 슬슬 지쳐 가는 것 같아서 더 스트레스 받아, 일주일 동안 곰곰이 생각해 봤는데 자살밖에 답이 없는 것 같아.(#C-51)

우울증도 있어, 사람들한테 내 존재를 부정당하는 기분이야, 의지할 곳도 없어, 나 5일 뒤에 죽어, 이번 주에 자살하려고, 포기하니까 마음은 편해.[69] (#C-52)

---

69) 자살 암시자 중에서 위험한 기준이 '마음의 평온감을 찾았을 때'다. 이것은 죽음을 받아들이겠다는 것이다. 반면에 암시 글이 '죽음에 대한 두려움'이 있거나, '불안함'이 있을 때는 그것은 암시 글이라고해도 결행할 마음이 확고하지 않음이다.

약 22개 먹었는데 언제 죽어? 너무 힘들어서 죽고 싶은데 병원은

안 갈 건데 그럼 죽지? 어느 정도 지나면 죽어?[70] ($C-53)

약물을 과다 섭취하는 것은 첫째, 자살 목적, 둘째, 약물자해 목적이다. 약물자해자는 약을 과다 섭취하면서 자살을 암시하지 않는다. 즉 죽음을 언급해도 곧 죽을 것 같다고 말하지 않는다. 반면에 같은 양을 섭취한 사람이 자살을 암시할 때가 있다. 여러 개의 약을 먹으면서 "안녕.", "저 오늘 죽어요."라는 등 말이다. 이때에는 약물의 종류가 무엇인지도 알 수 없고 약물자해 외 다른 방법으로도 결행할 수 있다. 그래서 자살을 암시한 약물 섭취는 신속히 구조해야 한다.

가족한테 너무 민폐가 되고 엄마를 너무 힘들게 하는 것 같아서

약을 20개 먹고 자살 시도를 했다. 몸이 너무 아프고 너무 졸리는데

이게 죽는 건가요.($C-53-1)

너무 죽고 싶어. 그냥 다 포기하고 싶어, 내일 확 죽어 버릴까. 다

포기하고 싶고 너무 불안해, 눈물도 안 나, 우는 것도 힘들어, 죽는

---

70) 신고 당시 초등학생으로 추정되었다. 이미 시중에서 구할 수 있는 약을 다량 섭취했는데 그 자체를 죽음을 맞이하는 걸로 알고 있었기 때문이다. 실제 몇 가지 사례 중에서 약물을 과다 섭취하고 나 언제 죽나며, 몇 시간 있다 죽는지에 대한 궁금증을 적기도 했다. 심지어 어떤 청소년은 서서히 약물을 과다 복용하면서 동시에 술을 섞어 먹고 있었다. 그러면서 간 손상으로 병적 질환으로 사망하려고 했다. 왜냐면, 질환이 원인되면 부모에게 덜 미안하고, 친구들이 덜 슬퍼하기 때문이다. 이렇듯 자살은 스스로 목숨을 끊는 것도 있지만, 자신의 장기를 손상케 하면서 질환으로 생명을 단절시키는 것도 있다.

것도 그때만 아픈 거니까 그 시간만 참고 죽으면 될 것 같아. 나만 놓

으면 끝일 것 같고 솔직히 나 죽으면 나한테 들어가는 돈은 없을 텐

데 죽어서 가족들한테 나쁠 것도 없잖아.(#C-54)

돈을 언급하면서 자살을 암시할 때가 있다. 예를 들어 "한 부모 가정인데 엄마가 돈 버느라 힘드니 내가 없어지면 돈을 덜 벌어도 될 수 있다는 생각과, 다른 좋은 남자 만나서 살면 될 것"이라는 생각에서다. 또한 "나한테 쓸 돈을 동생에게 쓰면 동생의 의식주에 보탬이 될 것 같다"는 생각에서다. 이러한 돈을 언급한 암시에서는 가정 내의 환경을 확인해 볼 필요가 있다. 자살하려던 이유가 집 안 내의 경제적인 어려움을 대신하기 위한 죽음이었는지 아니었는지를 말이다.

항상 밝게 다녀서 내가 힘들어하는 것 모르는 사람 많은데 사춘기

아닌 것 같아요.[71] 죽고 싶은데 어떻게 해요.(!C-55)

71) 자신의 증상이 사춘기인 줄 알고 버티어 보았는데 사춘기가 아닌 것임을 뒤늦게 알았다. 그래서 죽음을 간절히 바랐던 것이다. 청소년은 자신의 우울증, 우울감, 무기력감 등을 사춘기로 오해한다. 그런데 그전에 그 증상을 보호자나 주위 사람들에게 이야기 했는데 그 힘듦과 고통이 무엇인가를 알아채리지 못하거나, 대수롭지 않게 생각하면서 자살을 암시할 때가 있다. 이제 초등학생부터 "엄마 아빠 나 우울증 있나 봐, 나 병원가야 하나 봐, 나 사춘기 아닌 것 같아."라는 말을 한다면, 이를 쉽게 생각하지 말고 진지하게 받아들여야 한다. 무엇 때문에 힘들고 고통스러운지를 보호자와 터놓고 이야기를 하면서 지속적인 관심을 보여 줘야 한다. 정신과적 우울증 등의 증상이 있는지는 본인 자신이 이미 더 잘 안다. 왜냐면 보호자 등에게 말하기까지는 충분히 자기의 위험 정도 수준을 테스트하거나, 점수를 매겼을 것으로 보이기 때문이다.

슬픈데 눈물 나는데 밝은 척하는 사람들이 있다. 그런데 이것을 가족들이 알지 못할 때가 많다. 왜냐면, 그러한 모습을 누군가 보면 힘들어할 것임을 알기 때문이다. 늦은 밤에 SNS에서는 울부짖는 소리가 여기저기서 들려온다. "나 울고 있어.", "나 울어.", "나 울보인가 봐.", "울 것 같아."라는 등, 방에서 불을 끄고 흐느끼고 울면서 영상을 올리기도 하고, 옥상에 올라가서 "뛰어내리고 싶다."라며 눈물을 흐르는 영상과 글이 보일 때가 있다. 그래서 학생이 건물 고층에서 사진이나 글, 영상을 올렸으면 그때 그 사진을 찍으면서 느꼈을 심정을 이해할 수 있다.

정말 자살하고 싶어요. 사춘기인지 그냥 살기 싫어요. 부정적 생각만 가득하고 그냥 자살하고 싶다. 책상에 앉으면 그냥 인생이 살기 싫다. 죽을 용기는 안 나는데 그런 용기 없이 죽고 싶다.[72] (@C-55-1)

약을 32개 먹어도 멀쩡한데 도대체 죽으려면 몇 개를 먹어야 하는 거야. 다들 안녕, 저처럼 살지 마요. 버티기 너무 힘들었어요. 이정도 버티었으면 할 만큼 한 거겠죠. 먼저 갈게요. 제 몫까지 행복하세요. 다들 너무 예쁜 사람이예요, 사랑했어요. 천천히 와요, 기다릴게요, 안녕.(#C-56)

---

72) 성인은 마음이 확고해서 결행을 하는 경우가 많다. 그런데 청소년은 오래 살지 않아 나이가 어릴수록 죽을 용기 없이 죽음을 선택할 때가 있다. 그래서 죽음의 용기를 "죽을 자신이 없다."라고 말하기보다는 죽음을 망설이는 하나의 중간 단계로 여겨야 한다.

그냥 안 아프게 죽고 싶다. 이미 한계인 것 같다. 차라리 누군가가 갑자기 집에 들어와서 안 아프고 부드럽게 목 졸라서 죽여 줬으면 좋겠다. 열심히 공부해도 성과도 없는 저는 역시 이 세상에서 없어지는 게 나을 것 같다. 그냥 눈 꼭 감고 옥상에서 뛰어내릴까, 자살하려면 유서라도 남겨 두는 게 좋겠지.(!C-57)

5층에서 뛰어내리면 죽는지, 머리로 떨어지고 아무도 신고를 안 하면 죽는지, 죽는 데 얼마나 걸리는지, 5층에서 머리로 떨어지면 죽는 데 10분은 넘게 걸리는지.($C-57-1)

추락자살 할 의도 없이 떨어져도 다치거나 사망한다. 반면에 자살 의도에서 추락하면 낮은 층에서 몸을 내던지게 되어 사망 가능성이 크다. 예로, "나 지금 2층에서 뛰어내리려고, 죽지는 않겠지 (즉 자살 의도 없이)."라고 적은 글이 뒤늦게 발견되었는데, 며칠 후 깁스한 사진을 올리면서 병원에 입원 중이라고 했다. 낮은 층에서 추락을 암시한 때 자살 의도가 있으면 신고하고, 자살 의도가 확인되지 않으면 신고를 배제할 수 있지만, 신체의 손상이 매우 클수 있어서 층수와 관련없이 추락 암시는 신고 대상이다.

죽고 싶어 미치겠다. 빌라인데 5층에서 떨어지면 죽나요? 아니면 아파트에서 떨어져야 하나요?(#C-57-2)

행복해지고 싶은데 굿지 않고 때렸다. 멍든 거에 만족해 더 아팠음 좋겠다.(사진:팔목이 멍듦). 죽을게, 잘 지내고 안녕, 다음 생엔 보지 말자.($C-58)

자해의 종류에는 여러 가지가 있다. 그중 도손자해와 충격자해를 살펴보자. 도손자해는 흉터가 생기는데 충격자해는 약 1주 이내에 흔적이 사라지는 자해로서, 둘 다 고통은 잇따른다. 그런데 자해자가 적은 암시 글을 보면 그동안 적은 것 중 "행복해지고 싶었는데."라는 글이 보인다. 여러 번 언급했듯 자살은 행복하지 않아서 하는 선택이라고 했다. 즉 행복할 수 있는 길이 있으면 자살을 선택하기 전에 한 번 더 그 행복을 찾기 위해서 노력한다. 이렇듯 행복하고 싶은 것은 누구든지 바라는 거다. 그런데 자해자는 힘듦과 고통으로 자해를 선택하는데 그 당시는 자해가 고통의 전환점이라고 생각한다. 그런데 그것은 결국 불행을 향해 나아가는 것임을 뒤늦게 깨닫는다. 정리하면, 자살은 '행복할 수 없어서 선택하는 것'이고, 고통의 전환점으로 자해를 선택하는 것인데, 그것이 곧 불행이 될 수 있다.

미안해, 너 몫까지 행복하게는 못 살겠어. 이번 주에 너 보러 바다 간다.[73] 다음 생엔 아프지말고 고생하지 말고 행복하게 웃으며 보내

---

73) 이미 하늘로 떠난 친구의 뒤를 따라가겠다는 암시다.

자. 손이 덜덜 떨리는 건 왜그래, 내가 죽게 되면 장례식은 아무도 오지마, 그리고 나를 바다에 뿌려 주면 좋겠어, 내 빈소에 찾아와 울고 가지 않았으면 좋겠다. 내 계정은 바다 깊숙한 곳에 나와 함께 묻혀 사라져야 할 계정이니 내가 죽더라도 너무 슬퍼하지 말고 나를 잊고 다시 행복하게 살아가길, 잠깐이라도 행복했음에 감사해(#C-59)

어떤 암시자는 자신의 죽음으로써 부모가 따라 죽을까 봐 걱정하는 사람도 있었다. 이렇듯 자신의 죽음은 부모에게 평생 짐이 될 수 있음을 잘 알고 있다. 그래서 심지어 자신의 시신이 발견되지 않도록 실종사로 죽으려고도 했다. 교육 중에 "너희가 죽으면 슬퍼할 부모님, 가족, 친구, 형제들을 생각하라." 하고 말할 때, 자살 동기가 이중에 누구에게 있는 거라면 어떨까? 청소년도 이미 다 알고 있다. 그래서 자살 유가족이라는 영상을 시청한 사람도 있고, 유가족의 슬픔을 덜하게 하기 위해서, 덜 슬프게 하기 위한 자살 방법까지 고민을 할 때도 있다. 그 길을 선택하기까지는 수많은 고민 끝에 결론을 내린다. 이제는 "누구를 생각해서라도 살아라."라는 것보다는 "그 누구 때문에 힘들면 말해라." 하는 것으로서 자살 동기를 아예 뿌리 뽑는 것이 자살률을 줄이는 해결책이 아닌지를 생각해 본다. 그 동기 중에서 친구의 뒤를 따라가는 것이라면 그 친구의 기일을 가족들이 다 함께 챙기면서 이제 영원히 떠났음을 상징하는 모습을 통해 잊도록 해 줘야 한다.

전 이제 가려고 해요. 여러분들은 남은 삶 포기하지 말고 살아요.(@C-60)

글 중에서 타인을 위로하면서 응원하는 글에서는 그 전에 쓴 글이 자살 암시인가도 살펴봐야 한다. 성인 역시도 이러한 모습을 보인다. 자살 채팅방에서 결행 전에 "저 이제 가요. 여러분들은 더 살다 오세요." 하면서 자살을 막으려는 모습을 보이기도 했다. 그런데 청소년들도 마찬가지였는데 이것은 이미 자살을 깊게 생각한 사람과, 자살의 순환을 거치면서 결행이 임박할 때 보이는 행동이다. 자살 충동자는 사실 남을 위로할 여유가 없다. 그렇다면 자신의 죽음 앞에서 왜 남을 위로할까를 생각해 보자. 이것은 자기보다 더 힘들다는 사람이 많음을 알고 있고, 자신은 견디지 못해서 떠나지만 다른 사람들은 나 같은 선택을 하지 않았으면 하는 마음을 전하는 것이다. 여기에서 어떤 생각이 드나? 순수함이다. 자살자들은 순수함과 마음의 따뜻함이 있다. 사실 마음이 순수하지 않으면 자살을 선택하기 전에 온갖 행동을 했을 것이다. 그래서 평소에 자녀의 성격 변화를 감지하면서 이를 변화하는 데 도움 주는 것이 필요하다.

집에서 하고 싶은 건 많은데 못하게 하고, 눈치만 보고 혼자 방에서 울고, 매번 동생에게 양보하라고만 하고, 항상 밖에서는 밝고 유쾌한 척하니까 친구들은 내 마음도 몰라주고, 가족도 마찬가지다. 죽

고 싶은 생각도 들고 집 나가 버릴까 생각도 했는데 아직 어려서 갈

곳도 없는데.(!C-61)

가출할까 생각도 하는데 아직 어려서 사회생활도 적응하지 못할

것 같고 가족을 버리기에는 그동안 쌓은 정 때문에 외면도 못 하겠

다. 부모님이 날 진짜 사랑하는 건지 의심이 든다. 정말 궁금한 건데

내가 자살하면 엄마 아빠는 슬퍼할까.(!C-61-1)

요즘 죽고 싶은 생각이 들어요. 가족을 위해서 죽음 안 되나요.[74]

#죽자그냥 (!C-62)

죽을 생각과, 자살 생각은 다르다. 그런데 이것을 본인 스스로가

명확하게 하기 어렵고(왜냐면, 죽을 생각과 자살 생각은 같은 의미에서

죽음이기 때문이다), 점차 나이가 들수록 내가 어떠한 생각을 하고

있는지를 깨닫는다. "죽고 싶다, 죽을 생각이 든다."라는 것은 확정

적인 죽음의 글이 아니지만 이는 자살 생각이다. 특히 인터넷 및

SNS에서는 전체 암시를 하는 사람도 있는 반면에, 일부 생각만 드

러나면서 결행을 할 수 있기 때문이다. 그리고 자살 가능성을 가

---

74) "가족을 위해서 죽으면 안 되는지."라는 글은, 내가 죽으면 자살 유가족으로 슬퍼할 가족 때
   문에 지금까지 버티었지만 이제는 버티기 힘들다는 것으로 해석된다. 행복한 가정에서는
   버팀목이 있어서 버틸 수 있는데, 그러지 아니한 가정에서는 버티기 힘들 수 있다. 그래
   서 가정 내 행복하면 자살률이 줄어들 수 있다. 그런데 이것이 말처럼 쉬운 문제가 아니고,
   그 행복을 어디까지 봐야 할지도 어렵다. 어느 집안이든지 간에 어떠한 문제로, 울고, 슬프
   고, 아파하는 일들이 생기기 때문이다. 그래서 그 행복을 '사랑, 이해, 공감'으로 많은 대화
   를 통해서 자녀와 소통하는 것이 행복을 이어 가는 길이라고 생각하자.

늠하려면 그 동기를 파악해야 한다. 대부분 '자살 생각'과 관련된 글 전후에는 자살 동기들이 숨어 있다.

6월 25일에 죽을 건데 한강 다리에서 뛰어내리면 죽을 확률이 높겠지….(#C-63)

내 장례식엔 아무도 안 왔으면 좋겠다.(사진: 손바닥에 자해한 피가 물렁물렁한 것을 만지고 있음.) 약 100개 이상 먹었어.(사진: 손바닥에 상당히 많은 약이 보임.) (#C-64)

실패하고 싶지 않아. 오늘 제일 확실하게 죽을 수 있는 방법이 무엇일까. 내일이 오기 전에 죽어야 하는데 기숙사라서 어떻게 해야 할지 모르겠어.(#C-65)

오래전부터 죽을 생각을 해 왔던 것 같다. 죽고 싶은게 아니거든요, 살고 싶은데 사는 게 싫어서 죽고 싶어요. 자살 방법을 하나하나 알아보면서 죽으려고 계획을 세웠다.($C-66)

성적 스트레스를 365일 24시간 지속적으로 받고 있다. 수능 끝난 후 죽으려고 했는데 더 빨리 죽고 싶어서 기말고사 끝난 후로 앞당겼다. 주변 정리하고 주변 사람한테 인사 돌리고 학교에서 자살하기로 결심했다.약 먹어도 어지럽거나 처지거나 불안 우울 증상이 심

해지고 있다. 일상생활도 힘들 정도로 정신이 힘들어져서 자살하려
고요.(#C-67)

반병신 되어서 가족들 힘들게 하고 싶지 않다. 대교에서 투신자살
하면 확실히 죽겠지. 자살하더라도 확실히 죽어야지.($C-68)

자살할려고 차에 뛰어들다가 죽으면 운전자 과실이 있잖아요. 그
런데 뛰어든 사람이 만약에 유서로 내가 힘들어서 죽은 거니 운전
자 처벌 원치 않는다고 적으면 운전자 과실 없는 건가요?[75] ($C-69)

꿈이 있었고 열심히 살았다. 이제 힘들다. 방에서 죽고 싶다는 생
각만 한다. 어디서 죽을지 막막하다. 부모님께는 말씀드리고 싶지
않다. 나의 힘듦에 부모도 한몫하고 있어서 나를 이해하지 못할 거
다.[76] 죽으려고 옥상에 올라가 봤는데 문이 잠겨 있다.[77] (@C-70)

---

75) 법률과 관련해서 커뮤니티에 누군가 질문을 올렸다. 이에 법률로 접근하면 "피해자의 자
살 행위가 명백해서 이에 운전자에게 과실이 없으면 교통사고처리특례법 위반(치사)으
로는 처벌받지 않는다. 그런데 왜 이러한 질문을 했는가가 의문이다. 글을 해석하면, 첫
째, 차에 뛰어들어서 자살하려는 글이다. 둘째, 유서로써 운전자의 처벌을 받지 않도록
하려는 글이다. 셋째, "내가"라고 쓴 것인즉 글쓴이 위주로 작성했다. 그래서 이 글을 왜
적었는가를 생각해 보았다. 첫째, 이것은 청소년의 자살 방법 중 하나다. 둘째, 자살 충동
자에게 보이는 자살 방법이다. 셋째, 운전자를 염려하는 것은 어떠한 사건이 이미 발생
한 것이 아니라 발생할 수 있음을 예상한 글이다. 결국, 글쓴이는 청소년일 가능성이 크
고 차도에 뛰어들어 사망하면서 운전자에게 피해를 덜 주기 위한 방법을 선택한 것으로
보였다.
76) 청소년이 자신의 힘듦을 부모에게 말을 해야만 해결이 되는데, 부모와의 갈등이 있는 때
는 이러한 힘듦을 내색하지 않으려고 한다.
77) 아파트나 고층 옥상 문의 시건장치를 점검해야 한다. 성인은 투신 장소를 미리정해 가는
데, 청소년은 그냥 문만 열리는 곳이 투신 장소가 될 수 있다. 왜냐하면 극히 자살 방법은
제한적이기 때문이다.

이렇게 보호자 등 누구도 자신을 이해해 주지 않으면 더 이상 누구에게도 의지할 데가 없다. 그래서 흔히 자살 할 사람에게 "부모를 생각해야지, 친구들을 생각해라, 너가 그리 죽으면 다들 힘들어할 텐데."라는 말을 하는데, 자살자는 주위의 사람들에게 더 이상 미련을 두지 않는다.(암시예시: 주변 사람들 힘들게 한다고 하는데 제가 죽을 것 같은데 그 사람들 힘든 것까지 생각해야 하나요. 이렇게 열심히 살아 봤자 뭐가 된다는 보장도 없고 우주먼지보다 작고 지구 밖으로 나가는 순간 죽는 인간이 뭐 하러 이렇게 아등바등 사는지…($C70-1))

뇌에서 지금 당장 뛰어내리라고 시키는 거 같아요. 저 죽어야겠죠? 심장이 두근거려요. 엄마가 창문을 다 잠가 놔서 안 열려요. 어떡해요.(!C-71)

자살 충동을 보이는 청소년들이 의외로 많았다. 자살 충동자는 '자살 순환'의 과정을 거치지 않을 수 있다. 즉 자살을 구체적으로 계획하고 결행일을 정하지 않을 때가 많다. 자살 충동자는 죽음에 압박감을 받고 있는데 자신의 생각 속에 있는 것이 죽음을 맞이하는 가상적 순환 과정이다.

코로나로 중간 기말로 첫 시험을 보는데, 점점 시험 기간이 다가오면서 자살 충동을 느낀다. 집에서 공부하면서도 창문 밖으로 뛰어내려서 죽는 상상을 많이 한다. 그대로 창문 열고 뛰어내리고 싶다.(@C-71-1)

자살 충동자의 특징을 보면 '한순간에 자살을 하겠다는 생각을 하는 것'이 아니라, '머릿속에 투신 등의 상상을 하다가 갑작스럽게 자살 충동을 일으키는 것'이다. 자살 충동은 단 몇 회의 자살 생각보다는 많으면 수천 번, 적으면 수십 번 이상으로 현재 어떻게 자살할지를 머릿속에 그리며 상상을 한다.

친구들과 말하는 게 어려워지고 혼자 있고 싶어졌다. 사춘기인 줄 알았는데 생활 습관도 나빠지고 모든 게 귀찮고 아침에 일어났는데 조용히 죽었으면 어떨까라는 생각만 한다. 너무 슬프다. 사춘기가 세게 온 건지[78], 이게 우울증이라고 하던데 어쩌지. 롤러코스터를 타는데 제일 높은 데서 안전장치를 풀고 떨어져서 죽으면 편할까라는 생각도 했다.(@C-72)

우울증으로 미안 마지막이다. 다음 생애도 꼭 당신들을 찾아올게요.(@C-73)

다음 생을 기약하는 것은 환생 이전 죽음을 말한다. 우울 계정

---

78) 청소년은 우울증 및 죽고 싶다는 생각을 사춘기로 착각하는 경우가 많다. 그런데 일시적 사춘기에서 보이는 죽음 생각은 '자살 생각' 및 '실행'까지 이르지 않는다. 롤러코스터에서 안전장치를 풀 생각을 한 것은 자살할 생각과 실행 직전에 있는 행동이다. 이렇듯 청소년의 죽음 생각에서 단순히 사춘기로 치부하는 경향이 있어서 청소년의 자살을 막지 못하지 않는가 조심스럽게 생각해 본다.(이미 자신의 증상을 가족 등에게 말했는데 사춘기라는 말을 들으면 이를 중복해서 말하는 것은 무의하게 여기기 때문이다.)

에서 활동한 사람이 마지막 결행 전엔 마지막 인사를 남길 때가 있다. 이때 자신의 계정 안에 남기거나, 그동안 자신과 함께해 준 사친에게 개별로 마지막 인사를 보낸다. 그런데 그 사친이 자살 암시를 보인 사람을 신고하지 않는 편이다. 왜냐면 같은 우울증 등을 앓고 있는 사람들 간에서 서로 공감하는 모습을 보이기 때문이다. 즉 그동안 힘들었으니 세상과 이별하도록 놓아준다.

살 의욕도 없고 어떻게든 살려고 노력했는데 마음대로 안 돼, 진짜 살기 싫거든, 자살하려고 옥상에 올라갔고 여러 번 죽어 보려고 했는데 실패했어. 어떤 방법이라도 좋으니 그냥 죽고 싶어, 고통스럽게 살해당하거나 차에 치이거나 다 상관없으니까 그냥 죽었음 좋겠어. 이러한 나의 생각이 단순히 학업 스트레스인가[80] 생각했는데 아직 학생이라 못 해 본 것도 많고 못 가 본 곳도 많은데 살 의지는 안 나.($C-74)

내가 가족 때문에 왜 이렇게까지 아파야 해. 약 다 먹고 쓰러져 죽어 버릴거야.[81](사진: 손바닥에 위에 가득한 약이 보임) 다 먹었으니 수면

---

79) 왜 SNS에 가입을 했는가, 그 목적에 따라 계정 용도는 다르다. 계정은 '우울계, 자해계, 일상계, 그림계, 잡덕계, 복합계, 유서계'가 있다. 우울계와 자해계를 합쳐서 흔히 복합계라고 한다.

80) 스트레스를 자신의 취미, 특기, 이를 해소할 수 있는 방법으로 풀어야 하는데, 학업 스트레스를 자살이라는 하나의 방법으로 모든 것을 해결할 때가 있다. 시험(중간, 기말, 대입) 기간에 공부에 대한 압박보다는 잠시 쉼을 주는 것이 필요하지 않은가 생각해 본다.

81) 정신과에서 약을 처방받으면 집 안에 있는 약을(모든 약) 관리해야 한다. 자살 충동을 보일 때, 지금 남아 있는 약으로는 만족하지 못할 때 집에 있는 약을 전부 찾아내서 먹을 때가 있다. 물론 자해하고 있는 청소년의 집 안 역시도 마찬가지다.

제 먹을 거야. 영원히 잠들고 싶어.(#C-75)

투신자살하면 피범벅되고 뼈가 꺾인 내 시체를 저희 부모님이 볼

까요.[82] ($C-76)

아픈 건 싫어서, 안 아프게 죽을 수 있는 방법이 있을까. 이번에는

꼭 죽고 싶어요, 정말 6월 20일에 죽고 싶은데.(#C-77)

자살할 사람이 아픈 것까지 걱정한다? 이것은 틀린 것은 아니다. 성인도 죽어야 하는데 고통을 덜기 위해서 다양한 방법을 찾아서 결행한다. 보통 청소년이 '안 아프게 죽는 방법'을 알아보는데, 이것은 우울증 등 치료를 받지 않는 사람들이다. 청소년은 자살 방법이 극히 제한적이다. 투신 시 바닥에 떨어지면서 느낄 고통에 대한 아픔 때문에 덜 아픈 방법을 찾는 것이지, 이것이 결행할 마음이 없다고 할 수 없다. 그래서 그냥 지나칠 수 없고, 일자까지 정한 것은 '그날 꼭 죽어야 한다.'라는 생각을 하는 것이므로 위험하다.

자살할 때 평상시 입던 옷 입으면 될까.($C-78)

---

82) 투신은 다발성 골절이 발생하면서 사망한다. 그 참혹한 시신을 부모님이 볼 것을 염려하는 글이다. 이것은 투신 생각을 넘어서서 가족의 트라우마까지 염려한 것이다. 이것은 단순히 자살 생각에 그친 것이 아니라 투신할 마음이 뚜렷한 사람에게 보이는 모습이다.

결행 전 버킷리스트 중에 하나다. 마지막으로 떠나기 전에 내 방은 어떻게 꾸미고, 무엇을 먹고, 어떤 영화를 보는 것처럼 말이다. 이때 최종 마지막 리스트는 '마지막으로 무슨 옷을 입는가'다. 자살 계획 중에 버킷리스트는 일부다. 이것이 구체적이거나 그러지 않을 수 있다. 자살 전 옷차림을 고민하는 것은 구체적 버킷리스트로서 결행일이 임박함을 가리킨다. 이에 어떤 청소년은 자신이 좋아하는 팬 공연에 가야 하는데 부모가 반대하자, 그날 팬 공연에 몰래 가는 것을 마지막으로 계획하면서, 옷을 이쁘게 입고 그곳 부근에서 투신하려고 했다.

가장 편하게 자살 방법이 무엇이 있을까, 죽고 나서 시체는 어떻게
되는지 궁금해, 자살이 나쁜 건가? 6월 8일.($C-79)

제목이 자살 암시일 수 있으나, 내용 중에 암시가 숨겨져 있다. 특히 일자를 적은 글은 무언가 특별한 것을 의미하는 만큼 내용을 관찰해야 한다. 그냥 스쳐 지날 수 있는데 당일 생일이면서 기념일을 알리는 제목이었다.[83]

다른 암시 글이 발견되었는데 그것 역시 같은 월일이다. 그런데 '슬픈 생일'이라는 제목이었다.

---

83) 감시자는 지금까지 많은 청소년들을 신고하는 과정에서 다양한 자살 동기 및 유형을 알고 있다. 그래서 일상적 글과 그러지 않은 글을 구분하는데 수월하다. 만일에 무슨 기념일인 듯싶은 때에는 글쓴이의 글 중에서 해당 날을 왜 의미를 두고 있는가를 찾는 것이 중요하다.(이러한 사례들은 많이 있었다. 제목에 날짜만 확인되고 특별한 것은 없었는데 점점 그날이 다가올 때 암시 글이 발견 될 때가 있다.)

생일인데 너무 우울하다. 생일날 죽으면 어떤 기분일까. 저는 살 가치가 없다. 그냥 죽어 버려도 아무도 신경 안 쓰겠지. 대인 관계로 기분에 맞지도 않는 억지 웃음으로 친구들의 축하 메시지를 답해 주고 있다. 저는 세상에 아무도 필요로 하지 않는 사람이다. 행복하려고 해도 온 우주가 저를 불행으로 몰아붙인다.($C-79-1)

한 학기 동안 적응 못 했는데 앞으로 어떻게 살아가야 할지, 그냥 다 끝내고 싶다. 이대로 살기엔 너무 힘들다. 주위 친구들은 행복해 보이는데 나만 이러니 미칠 것 같다, 죽으면 이 모든 고통을 더 이상 안 느껴도 되니깐 이 모든게 끝이라면 살고 싶지 않다. 힘들어. 힘든 걸 몰라주고 의지할 사람도 없어.[84] 오늘 진짜 너무 힘든데 한강 갈까.(#C-80)

요즘 너무 죽고 싶다. 왜 죽냐, 죽지 마라, 이런 소리 하지 마. 부모에게 맞았는데 나를 사랑하는지 아끼는지도 의심이 들어요. 진짜 제가 싫어졌나 봐요.[85] 요즘은 좋아하지 않았던 바다를 너무 가고 싶어요. 빨리 죽는 법이 있을까요. 목 조르고 오랫동안 숨 안 쉬고 욕조에

---

84) 자살 예방에서는 힘듦이 무엇인가를 알아차림이 중요하다. 청소년 중에서 자신이 해낼 수 있다고 생각한 사람은 자발적으로 자살 징후가 있다고 해서 상담을 요청하기까지는 많은 생각을 할 것이다(상담 이후에 알려지는 것 등). 그래서 시험 기간 한 달 이전부터 틈틈이 쉼을 주는 것이 필요하지 않는가 생각된다.

85) 나이가 어릴수록 부모의 행동을 오해할 때가 있다. 부모에게 한마디 들으면, 나를 사랑하지 않아서 혼내는 건가, 하나하나 의문점을 가지면서 더 이상 부모가 날 사랑하지 않는다고 생각한다. 그래서 초등학생을 둔 보호자가(해당 암시예시는 초등학생이었다.) 자녀를 혼낼 때는 오해가 없어야 한다. 혼내고 한동안 말이 없기보다는, 혼내고 일상으로 돌아오면서 그것을 잊도록 하기 위한 노력이 필요하지 않은가 생각된다.

물을 받아서 아주 오랫동안 숨이 차도 절대 숨 쉬지 않고, 자해 커터 칼 긋기 여러 가지를 해 봤는데 안 되네요.(!C-81)

자살자는 다양한 방법으로 죽는 법을 알아본다. 그리고 나이가 어릴수록 방법을 알아내는 즉시 실행하는 모습을 보였다. 그래서 인터넷에 떠도는 수많은 자살 방법 중에서 돈 안 들고 쉽게 할 수 있는 것들은 그들에게는 자살 시도의 해법이다. 이미 인터넷 및 여러 영상 등을 통해서 자살에 대한 정보들은 많이 산재되어 있다. 즉, 이러한 자살 방법등을 유해 정보로 삭제하면서 자살 예방을 하는 것은 한계에 있다.

자녀가 성정하는 과정에서 혼을 내는 것은 보호자의 자녀 관리 중에 하나다. 그런데 그 체벌을 자기를 사랑해서인지, 아니면 미워서인지를 구분하기가 사실상 어렵다.

그래서 체벌 시에는 조건이 필요하다. 첫째 체벌은 사랑의 매여야 하고, 둘째는 이에 명분이 있어야 하고, 셋째는 체벌 후 사랑으로써 그 상처를 치료해 줘야 한다.

즉, 마구잡이로 손발을 이용하거나 물건을 집어던지면서 때리거나 하면 '너가 잘못했기에 때리는 것'이라는 명분만 있을 뿐, 그 이후에 그대로 방치하면 체벌의 명분성은 깨지고, 그냥 화풀이 대상으로[86] 인식할 수 있다.

암시자가 적은 글에서는 보호자가 어릴 때 자신을 폭행해서 그때 트라우마가 생겨 자해를 시작한 글도 심심치 않게 볼 수 있었다.

사실 사랑의 매(회초리)로 때리는 것과, 신체의 손발과 물건을 이용해서 때리는 것과는 많은 차이가 있다. 이제 자살을 줄이기 위해서는 가정 내 트라우마가 생기지 않도록 노력하는 것이 보호자의 역할이니만큼, 한 번쯤은 이번 사례를 통해서 되돌아봐서 생각하기를 바란다.

나는 자녀에게 체벌 후 사랑으로 치료해 주었는지, 아니면 그대로 방치했는지를 말이다.

> 아파트 30층에서 떨어지면 죽는 건 한순간이니까 별로 안 아프겠
>
> 지. 고통을 덜 느낄까.($C-82)

고층에 거주 중인 자가 자살 위험성이 있거나, 우울증 등의 증상을 보인 때는 저층으로 이사 갈 것을 권유하는 편인데, 왜냐면 하나의 자살 방법 중에 투신이 이미 준비되어 있어서다.

> 요즘따라 살기 싫고 다 포기하고 싶고 다 싫고 다 짜증 나고 불안

---

86) 자녀는 당시 내가 잘못했기에 체벌한 것이라고 생각하기보다는, 당시에 체벌자가 어떠한 문제로 스트레스를 받고 있어 나를 화풀이 대상으로 삼았다고 생각할 때도 있다. 이렇듯 자녀의 체벌은 자녀를 위해서 해야 하며, 다른 것에 감정을 이입시켜 체벌을 하면 안 된다. 이러한 오해를 자녀가 할 수 있는 것도 생각해 보기를 바란다.

하고 겁나서 못 살겠어. 친구, 가족 다 싫어졌고, 우울하고 스트레스 받으면서까지 살기 싫어, 죽으려고 다짐했어.(#C-83)

자살 위험자의 판단 기준은 '마음이 확고한가'다. 왜냐면 마음이 확고한 사람은 자살 순환을 거치는 과정에서 더 빨리 결행하거나 다른 방법으로서 결행 일자를 앞당길 수 있어서다. 마음이 확고하기까지는 자살 충동이 아닌 이상 여러 번 생각하고 내린 결론이므로 주위에서 이를 알아차리지 못하면 끝내 생을 마감할 가능성이 매우 높다.

하루 종일 자살 생각을 했어. 지금은 재미없게 느껴져서 맨날 침대에만 누워 있어, 나를 무기력증 같다고 생각할 수 있는데 내 자신이 많이 심각한 것 같다는 것이 느껴져, 다음 주에 투신 하려고 생각한다.(#C-84)

죽고 싶은데 방법이 없어. 목조르기는 너무 고통스럽더라고요. 부모님은 제가 자해하는 것 몰라요[87]. 엄마는 내가 죽으면 아마 슬퍼하시겠지. 요즘은 눈물만 나고 웃음도 안 나, 친구랑도 만나기 싫고 다 귀찮아. 자해 일기를 쓰는데[88] 이제 페이지가 곧 끝나서 죽을 건데 어떻게 죽지, 일단 약을 모두 먹으려고.(@C-85)

더 이상 못 견디겠어. 너무 죽고 싶은데 가족들이 걱정돼, 진짜 더 이상은 못 살아갈 것 같아. 너무 힘든데 내가 죽어 버리면 우리 엄마랑 아빠가 너무 걱정되는데 어떡해.(!C-86)

죽고 싶은 마음이 너무 큰데 가족과 주변인들한테 너무 미안해서 죽지 못하겠어. 너무너무 죽고 싶고 버틸 수 없을 만큼 힘든데 죽자니 우리 가족 우는 모습 상상하면 마음이 너무 아파, 그래도 살 생각은 안든다. 정말 죽고 싶다.(#C-86-1)

청소년 자살은 '주위 사람들의 걱정'이 크다. 이미 주위에서 자살 유가족이 어떠한 삶을 살고 있는지를 잘 알고 있어서다.

---

87) 보호자가 관심을 가진다면야 자해한 것을 발견하면서 상처를 어루만질 텐데, 사실 보호자가 자녀의 자해를 전혀 알지 못할 때가 많다.

88) 자해자는 자신만의 글을 적는다. 이것을 '자해 일기'라고 한다. 자해 일기는 자신만의 비밀 노트다. 자해할 때마다 느끼는 아픔을 적고, 그날 있었던 일과, 자해 방법과 자해 후 느끼는 감정 글을 적는다. 자해 일기가 마지막 페이지에 다다를 때 현생을 위한 마지막 자해라고 여기기도 하는데 그 마지막 페이지는 유서일 때가 있다.

그렇다면 과연, "너 죽으면 부모님이 평생 눈물로 살 거야."라는 말이 청소년에게 와닿을까? 물론 한 번 정도는 생각해 볼 수 있지만, 그것은 이미 결행 전에 충분히 생각했을 것이고, 거듭된 생각과 고민 끝에 내리는 결론이다.

그래서 이제 자살 예방은 누구 때문에 살아야 한다는 측면보다는, 더 버티고, 이겨 낼 수 있도록 많은 사랑을 통해서 힘든 시기를 버티어 낼 수 있도록 보호자가 지지를 해 줘야 한다.

남아 있는 가족들의 걱정을 하는 암시 글에서는 "가족들로 하여금 행복했었다. 가족 때문에 죽음을 선택하는 것이 아니다."라는 것이 전제된다. 즉 암시자가 극단적 선택을 할 때에는 그의 부모 역시 뼈저린 고통 속에서 살 수밖에 없음을 잘 알고 있다.

그것은 자살할 마음은 있는데 가족 때문에 죽지 못하고 버티고 있음이다. 그래서 어떤 청소년은 가족이 자신을 미워하기를 바라는 마음에서 부모에게 화도 내고, 공부를 안 하면서 혼날 짓을 만들어 가는 사람도 있었다. 즉, 가족의 슬픔이 덜해지기를 바라는 마음에서다.(내가 혼날 짓 했으니 내가 죽어도 나 미워하겠지?) 청소년은 어리지만 남이 전혀 생각하지 못할 정도의 상황까지 미리 예측하면서 주위를 걱정하고 있었다.

자살은, 이제 남의 문제가 아니다. 부모가 모르는 사이에 죽고 싶다고 울부짖을 수 있고, 겉은 웃지만 속은 울면서 죽음을 암시하거나 자살을 계획 중일 수 있다. 지금도 여전히 자살을 준비하면서 유서를 쓰는 사람, 결행 직전인 사람들이 있고, 또 결행 중에 있는 사람도 있을 것이다.

청소년은 자살할 마음이 확고해도, 그 원인이 가족에게 있지 않으면 미련을 보이면서 죽음을 미룬다. 이것을 볼 때, 청소년의 힘듦에 대해 보호자가 알아차리면 청소년의 결행은 계속 미루어지다가, 어느 순간 그 사랑에 대한 미안함으로서 결행을 포기하기까지에 이를 수 있음을 알 수 있다. 물론 모든 사람이 결행을 포기하는 것은 아니지만, 지금까지 보아 온 암시자의 자살을 미루는 주요 요인은 부모의 사랑이었다.

부모의 사랑? 정말 큰 것이다. 무엇과도 비교할 수 없는 생명의 원동력을 심어 주는 것이다. 이것을 쉽게 보아서는 안 되며, 자살 예방을 위해서 부모의 사랑이 무엇인가를 생각해 봐야 한다.

부모의 사랑은, 자살을 미루다가 중도에 포기하고 생명력을 얻을 수 있는 유일무이唯一無二한 것이다.

> 내가 죽으면 모두가 슬퍼하겠지, 제발 다 슬퍼했으면 좋겠어, 내가
> 힘들었던 만큼 똑같이 아프고 힘들었으면 좋겠어, 정말 몇백 번 고민
> 했지만 결론은 내가 죽어서 모두를 슬프게 하자, 라고밖에 생각이 안
> 나(#C-86-2).

여기에서는 자신이 살기 위해서 많이 노력했음을 글로 전하고 있다. 내가 힘들었던 만큼, 그 고통을 다른 사람들이 알아주었으면 하는 바람이다. 이렇듯 자살은 어느 누군가의 미안함으로 결행

하는 경우도 있지만, 자신의 고통을 알아주지 못하는 사람들이 자신의 힘듦을 그들의 슬픔 속에서 알아주기를 바라는 마음에서 결행한다.

> 죽고 싶어, 죽고 싶어. 내가 죽으면 다들 슬퍼하긴 할까? 어차피
> 죽을 건데 뭔 의미야.(사진: 문제 풀이.)한 달 안에 모든 거 정리한다
> (#C-87)

자살은 죽을 마음을 확고히 하면서 결행한다. 그런데 결행일은 미리 정하는데 그전까지 주변 정리를 하기 위함도 있으나, 그 결행일이 어떠한 특별한 날일 때가 많다. 그런데 결행할 마음이 확고한 사람은 사실 특별한 날보다 더 빨리 결행하기도 한다.

> 항상 선생님의 기대를 받을 만큼 열심히 달려왔다. 며칠 전부터 그
> 냥 사는 게 의미가 없고, 내가 실수하면 나를 이상한 사람으로 생각
> 하는 것 같다. 이제 사람들이 많이 있으면 숨 쉬기도 힘들고 다 내 잘
> 못 같고 너무 힘들다. 극단적인 선택도 많이 시도해 봤는데 매번 마
> 지막에 실패한다.[89] 내가 만약에 죽으면 장례식에 올 사람이 있을지
> 도 모르겠다. 우울한 내가 사라지니 부모님은 좋아할 것 같다.(@C-
> 88)

---

89) 자살을 매번 시도한다는 것은 결행할 마음이 확고하지 않은 때다. 그런데 재차 하고 있는
　　시도는 마음을 더 굳게 하면서 성공에 이른다

이미 실패해서 한 번 더 하려고,[90] 죽기 전에 고마웠던 사람에게 연락하려고, 고마웠다고 잘 지내라고 찾지 말아 달라고 보내려고.($C-89)

정신과 약을 먹다가 그만두었어요, 먹어도 의미 없네요.[91] 살려고 해 봤는데 살아 있다는 게 끔찍하다. 아무 일 없다는 듯 하하호호 웃으며 지낼 친구들과 가족들, 내가 좋아하는 드라마를 보고 한강 가서 죽을 거다. 유서도 쓰고 준비한다.(#C-90)

아침에 일어나서 학교 가기 죽기보다 싫어서 차에 뛰어들 생각 한다. 끈 가져와서 목에 걸고 문에 매달아 본다. 화나면 머리 박는다.[92]
(#C-91)

차량에 뛰어들 생각을 한 청소년들이 의외로 있는데, 대부분 정신과적 치료를 받지 않는 연령이 낮은 대상들에게서 보였다. 청소년이 일상에서 매일 다니는 길에는 많은 차량들이 있다. 그것을 통

---

90) 자살을 막으려면 알아차림이 중요하다. 현재 통계적으로 청소년 자살 시도자의 비율이 있는데 그보다 훨씬 높은 자살 시도자가 있을 수 있다. 대부분의 자살 시도자들은 들키지 않으려고 하기 때문이다.

91) 우울증으로 치료 중인 사람이 치료를 포기하고 자살할 것을 마음먹은 때는 죽음에 대한 두려움보다는, 죽음이 찾아온다는 행복함이 있어 보인다. 그만큼 지금까지 힘들었던 만큼 더 이상 이러한 힘듦이 영원히 찾아온다는 안식 때문이 아닌가 생각 든다.

92) 무언가 고통 속에 있듯이 자살 충동을 보인다. 자살 충동자는 유서를 준비하지 않은 상태에서 결행하므로 죽음의 사인에 의문점이 제기된다. 청소년 자살에서 자살 충동인지 혹은 자살 순환에 의한 계획적 자살인지를 알기 위해서는 유서만이 아니라, 그가 보여 온 행동 전부를 확인해야 한다.

해서 순간 차량에 충격하고 싶은 충동을 느끼는 듯 보이는데 저층 거주자에 있는 사람들에게 보이는 현상이다.

공부하는데 심장 답답하면 뛰어내리는 상상을 해, 좀 많이 가면 내 장례식 상상도 해.(#C-92)

자살을 생각하고 있는 것만으로는 위험 대상자라고 볼 수 없다. 그런데 그보다 더 한 단계 넘어서 자기 장례까지 상상하는 것은 자살 충동이 크다. 자살을 생각하는 수준에 그친 사람은 방법과 시기를 고민하는 정도다. 그런데 장례까지 상상하는 것은 이미 자살 생각을 넘어서서 마음을 정리하는 단계에 이르는 수준이다.

부모에게도 욕을 듣고 맞아 본 적도 있어서 너무너무 죽고 싶어서 자해를 한 적이 많다. 친구가 제 손목을 보고 걱정 많이 해 줘서 행복했는데 갑자기 우울해져서 약물자해까지 했다. 죽을 수 있는 법도 계속 알아보고, 이번에 자살 시도도 했다. 위로받고 싶다.(@C-93)

위로 글은 자살 실행하기 전이면 충분히 가능하다. 그런데 이미 자살을 시도한 정도의 극한 고통이 있을 때는 그 위로는 '결행 전 마지막 위로 글'로 위안 삼으며 떠날 때 가져가는, 잠시나마 느끼는 행복일 뿐이다. 그래서 글쓴이의 안전을 확보하면서 자살 동기를 유발한 부모와의 문제부터 시작해서 전반적인 상담 치료가 가능하게 도와야 한다.

> 지금 밖으로 투신하면 몇 분 후 발견될까, 밑에 돌이고 구조물이
> 없어, 내가 하는 거 아님.(#C-94)

기피 이론으로 살펴봐야 한다. 즉, 자신이 아니라는 전제에서 투신 시 시신 발견이 언제 되는가를 커뮤니티에 글을 적었다. 기피 이론에서는 기피한 것을 배제하면서 주요 내용을 살펴봐야 한다. 만일에 "내가 하는 거 아니야, 내 친구가 그러는데, 어디 소설에서 보고 궁금해서 그러는 거야."라고 할 때 그것들을 모두 배제한다.

> 자살해 보신 분 투신할 때 어땠는지. 떨어졌을 때 어땠나요.(사진:
> 팔목에 수십 차례 자해해서 피가 가득 맺힘.) (!C-95)

위험성이 현저하고, 특정이 가능하면 최대한으로 신고해서 구조해야 한다. 왜냐면, 자신만의 SNS 계정에서는 자살을 계획한 흔적들이 드러나는 경우가 많아 신고 시점을 결정할 수 있으나, 일반 커뮤니티에서는 그 정보만으로 암시 여부를 판단해야 하기 때문이다. 한편 위 요구조자는 초등학생이었는데 나이가 어릴수록 상식적인 질문을 할 때가 있는데 그 질문 글, 궁금해하는 글, 알고자 하는 것이 자살을 결행하기 위한 행동인지를 파악해야 한다.

너무 무서운데 앞으로 더 살아야 하는 게 더 무서워서 죽으려
고 한다. 중학교부터 죽어야지, 죽어야지만 하고 있었는데 못 죽었
다. 주변에 도움 요청하라고 하지 마, 처음엔 죽고 싶지 않아서 담
임 선생님하고도 상담해 봤는데 그 결과가 지금이야. 이제 죽더라도
부모님께 미안한 마음이 들지 않을 거 같아 마음 편히 죽으려고 한
다.(#C-96)

자살은 상담을 포기한 사람들이 한다. 상담자로서는 열심히 상
담을 해 주었지만 끝내 선택은 죽음일 수 있다. 글쓴이는 고등학교
막 입학하면서 심경에 많은 변화를 일으켰다. 죽을 각오로 열심히
살아 보았는데 끝내 이겨 내지 못했다. 다시 한번 살 수 있는 기회
를 통해서 생명의 소중함을 얻기를 바라는 마음이다.

밴드에서 내일 자살한다는 사람이 있는데 이미 유서도 쓰고 어디
사는지도 알아요. 돕고 싶은데 어떻게 해야 하나요.($C-97)

제3자가 우연한 기회에 암시 글을 발견하기도 한다. 그럼 즉시
경찰에 신고해야 하는데 잠시 망설일 때가 있다. 그래서 제3자 암
시 글을 보고 도움을 청하는 글이 발견된 때에는, 우선 그 제3자
가 본 것이 과연 암시인지, 그렇다면 그 대상자와 어떤 관계이면서,
특정할 수 있는가를 확인해야 한다. 유서는 자살 암시의 유력한
부분이고, 어디 사는지도 안다면 특정되는 데 수월할 것으로 예상

되어서 경찰로 하여금 도움을 받아야 할 사안이다.

> 세상에 간절히 원해도 이루어지지 않는 일이 있어. 그걸 깨닫고 죽
> 으러가기 위해 고속버스를 예매했어. 그곳에서 죽으려고. 이제 2주
> 정도 남았어.(#C-98)

> 내가 죽으면 사람 하나가 세상에서 사라지는 거니까. 12일이 내 생
> 일이다. 그날 죽으면 어떻게 될까. 내 친구는 내 생일 선물 골라 주느
> 라 신나 있는데, 난 장례식장 앞에서 내 생일 선물을 들고 울어 주는
> 모습이 떠올라, 날 위해 울어 줄거라 생각하니 정말 기분이 좋아. 아
> 무도 내 안에 병이 있는지를 알아보지 못하고 추모해 줄 거야. 누군
> 가가 내 장례식장에서 운다는 건 뭔가 사랑받았다는 느낌이 그때는
> 들 거야. 그때가 기대돼.(#C-99)

현생에서 행복과 웃음, 관심, 사랑을 받지 못한 사람은 자신이
죽었을 때라도, 누군가가 울어 준다는 것이 행복하다고 느낀다. 죽
기 전에 그들은 미리 말한다. "나를 위해서 울어 줄 것 생각하니
너무 행복하다."라고. 이러한 마음을 가진 사람은 죽음에 대한 무
서움보다는 행복함을 통해 전혀 외부에 알리지 않고 결행을 했을
것이다. 즉 생일날에 친구가 갈 곳은 친구의 생일 파티장이 아닌
장례식장이었다.

가출하고 싶다. 자살을 할 때 어떻게 하지, 고통스럽게 자해를 어떻게 할까. 이제 살 만큼 살아서 자해를 하다가 죽을게요.(@C-100)

자해를 해도 고통이 해결되지 않으면 더 짙은 자해를 계속하면서 버티거나, 중도에 자해를 포기하고 결행을 생각한다. 그리고 자해는 우리가 생각하는 정도로 경하지 않다. 자해의 실체를 보면 그의 고통이 얼마나 컸는지를 알 수 있을정도로 자해한 사람이 결행할 때는 더 큰 고통의 자해를 하면서 제2차 방법으로 결행을 기도할 때가 있다.

내일 자살 시도할 거다. 정말 왜 사는지 모르겠고, 여러분은 저처럼 시도하거나 따라하지 마세요.[93] 가기 전 위로해 줘요.(#C-101)

자살을 시도하기 전에 사람들에게 위로받고 싶어 하는 사람들이 있다. 이것은 지금까지 누구 하나 나를 위로해 준 적도 없고, 또 진실적으로 이해해 준 사람이 없어서다.

죽음의 글에 "위로를 받고 싶다."라고 적혀 있으면 그것은 마지막 생을 마감하기 전 사람들로부터 따뜻한 말 한마디를 듣고 죽기 위한 것이 아닌가를 의심해 봐야 한다.

이때 자살을 결심한 사람은 타인의 위로 글을 가슴속에 껴안고

---

93) 나이가 성숙할수록 결행 전에 남을 걱정하는 글을 쓴다. 나는 죽지만, 당신들은 살라고 말이다.

그대로 생을 마감한다. 즉 그 위로 글로 다시 살기 위한 노력은 크게 보이지 않는다.

그래서 타인의 위로 글에 글쓴이가 생존 의지를 보인다면 자살 암시라고 볼 수 없다. 왜냐면 자살암시 글은 확정적이기 때문이다.

> 어릴때부터 죽으려고 생각했다. 제 자신이 너무 싫어서 너무 지쳤다. 이해 못 할 수 있는데 저는 사주 봤는데[94] 안 좋게 나왔어요. 갈수록 더 힘들 거라는데 그럴 바에 민폐 안 되고 조용히 사라지고 싶다. 유서 쓰다가….(#C-102)

> 팬데믹이 장기화되면서 부모님들이 힘들어하고, 저는 우울증에 걸렸다. 근데 팬데믹이 끝날 기미가 안 보여서 그냥 가는 게 낫겠지, 어차피 변이는 계속해서 강력해진 채로 나오고 마스크에 속박되어서 살 건데 이렇게 더 살아서 뭐 해, 더 이상 부모님과 가족들을 힘들게 하고 싶지 않다. 그냥 죽으려고요.(#C-103)

청소년 자살이 이번 코로나19로 영향을 받는가? 여론에서도 각 지자체에서도 이것을 중점으로 다룰 때가 있다. 코로나로 생활 환경에 많은 변화가 생긴 것은 사실이다.

---

94) 중·고등학교 시절 힘들어할 때 사주를 보는 것 같다. 그런데 자신의 힘듦에서 나쁜 사주가 나오면은 많이 불안해하는 모습을 보이면서, 그 사주를 그대로 믿는 경향이 있다. 그래서 자살 예방에서는 "사주는 언제든지 변화하는 것이고, 그 사주는 보는 사람마다 다른 미신적인 부분"이라는 것을 강조해 주는 것도 하나의 예방 방법 중 하나일 수 있다.

친구와 만나는 것을 자제하면서 대인 관계에 어려움이 생기고, 취업이나 특기 생활을 해야 하는데 시간과 장소까지 제약을 받는다. 무엇을 해도 재미없고 흥미 없고, 그냥 집에서 누워만 있고 싶고, 외부 생활에 제약받아 청소년 활동도 활발하지 못하면서 무기력감을 보인다.

코로나로 가족 간 갈등도 예외가 아니다. 가장의 경제활동이 저하되면서 청소년의 의식주에도 영향을 미치거나, 가족들의 다양한 스트레스를 자녀인 청소년에게 해소하는 경향을 보일 때도 있다.

그런데 코로나19가 청소년의 자살률에 직접적인 영향을 주고 있다고는 볼 수 없다. 만일 이와 같은 논리라면 코로나가 없어질 때까지 자살률은 계속 증가할 수 있다는 논리인데, 코로나19가 생기기 전에 자살률에 대해서는 어떻게 답을 할 수 있는가? 그때는 무엇 때문에 자살자가 생겨났는가?

물론 청소년의 자살에 코로나19 사태가 일부에 영향을 받을 수는 있지만 그 자체가 자살률 증가 요인으로 보는 것은 바람직해 보이지 않는다. 코로나19로 청소년 자살률이 높아지고 있다는 통계는 자살을 코로나19로 연결시키는 무책임한 논리가 아닌가를 생각해 본다.

사회는 많이 변화한다. 그리고 그 과정에서 청소년은 많이 성숙해지면서 더 나아가 어른 못지 않은 생각과 이성을 가지고 있다. 이럴 때일수록 그 시대에 맞는 청소년 활동 프로그램을 개발하면서 그것이 자살 예방으로 이어질 수 있는 활동이 되도록 노력해야 하는 것이 우리의 역할이다.

오히려 코로나와 자살을 연관시키는 것은 청소년을 자살로 궁지로 몰리는 것이 아닌가 생각해 본다. 코로나로 청소년 자살률이 증가하고 있다는 논리에서는, 청소년 자살에 대한 정당성을 만들어 주는 비판을 피할 수 없다.

이럴 때일수록 청소년 활동을 코로나 시대에 걸맞는 자살 예방을 마련하면서 청소년에게 용기와 힘을 주고, 삶에 원동력을 심어 주면서 자살을 줄이기 위해서 노력해야 하지 않는가를 생각해 본다.

막상 밖을 보니까 너무 무서워서 죽을 용기가 없어 포기했다. 너무 힘들어서 말했는데 사춘기가 늦게 왔냐고 사람들 다 그러면서 산다고 하네요. 너만 그런거 아니라고요. 그래서 그 사람에게 털어놓는 것조차도 눈치 보여서 힘들다.[95] 부모님께 죄송스러워서 치료받고 싶다는 말을 못 꺼냈어요.[96] 정말 힘들었을 때는 어디에서 죽을지, 유서에 뭘 쓸지, 몇 시쯤이 가장 좋을지 까지 다 계획했는데.(#C-104)

---

95) 중2병인 사춘기와, 우울증은 다르다. 그런데 신고사례 중에 중학생들의 상당수가 이러한 사춘기에서 고통을 받고 있었다. 자신의 힘듦을 주변 사람들에게 말했는데 사춘기라고만 할뿐, 그것을 심각하게 받아들이지 않는다. 그로 인해서 결국 다시 한 번 힘듦에 따른 고통을 말하는 것은 나약한 사람으로 낙인 될 수 있고, 끝내 주위에 눈치 보면서 살 수밖에 없는 지경까지 이른다.

96) 유서등 어떻게 죽을지를 계획하는 등, 고층에서 투신을 생각하고 있었다. 이러한 생각만으로는 신고 대상은 되지 않지만, 학생은 우울증등 나름 힘들어하는 것이 있는데 그것을 부모에게 구체적인 힘듦을 말하지 않는다. 이때는 경찰이 중간에 개입해서 해당 사실을 부모에게 알려야만 해결될 수 있다. 그러지 않으면 자살 계획단계에서 확정되면서 결국 결행할 마음을 굳게 한다.

부모님께 폐 끼치지 않게 죽으려고 한다.[97] 구독 중이었던 서비스를 해지하고, 예금도 해지할 거다. 유서는 양식 맞춰서 쓰면 되고, 주변에 마지막 인사도 생각하고 있다. 떠나려고 신변 정리부터 차근차근 하려고 한다.($C-105)

그 장소에서 떨어지면 죽을 수 있을까. 그때 그곳에 도착했을 때 갑자기 내 몸이 뒷걸음을 쳤다.[98] 그러면서 눈물을 흘렸다. 나는 결심했다 한번 가 보기로 했다.(!C-106)

너무 지쳤다. 마지막 전화 건다고 생각하니까 많이 슬퍼지고 눈물만 계속 나오는데 나 아직 살고 있는 건가.(#C-107)

글 중에서 "마지막"이라는 글은 유심하게 살펴봐야 한다. 그 마지막이 가리키는 것이 생을 마감하기 위한 자살인지를 말이다.

학생 때 죽으면 학생증에 있는 사진이 영정 사진이야? 지금 나 죽으면. #사진 #촬영 #편집 ($C-108)

---

97) 부모에게 피해를 안주고 결행을 준비하는 사람은, 자살 동기는 가정 내 문제가 아닌 경우가 많다. 이때는 청소년은 부모에 대한 미안함이 커지면서 자살 방법등을 매우 구체적으로 계획할 때가 있다. 집에서 멀리 떠나서 결행하는 방법, 자신의 시신을 부모님이보면 마음이 아플 테니 시신조차 발견되지 않도록 실종사로 하는 것 등 다양하다.

98) 한 발짝 더 걸었으면 투신할 텐데, 한 발 뒤로 빼면서 투신 시도를 중지했다. 그런데 이에 굳게 결심하면서 다시 투신할 장소로 가려고 했다. 아마 그때는 투신이 성공했을 수 있었을지도. 이것은 이미 높은 곳에서 밑을 바라보고, 또 하늘을 바라보면서 죽음의 희열을 느꼈기 때문이다.

기피 이론 중에 하나다. 자신의 죽음을 위한 준비를 숨기고, 마치 질문하는 글이다. 이러한 글에는 자신을 가리키는 단서를 찾아야 한다. 여기에서는 "지금 나 죽으면". 이 글은 다른 익명 계정으로 하나의 글을 남기면서 총 두 개의 글을 적었다. 학생이 영정 사진이 필요한 이유가 무엇인지를 생각하면 두 가지에서 살펴볼 수 있다. 주위 친구가 죽었는데 학생증에 있었던 사진이 영정 사진이어서, 궁금해서 물어볼 수 있다. 또 하나는 자신의 영정 사진을 준비하기 위함인데 이것은 생을 마감하는 것이 전제된다.

> 죽고 싶다. 더 이상 붙잡을 것이 없다고 느끼면 감당할 수 없다. 모든 게 허망하고 가벼워 보이기만 한다. 다들 힘들어서, 왜 나만 힘드냐고 말도 못 하고 참고 있는 게 답답하다. 내가 자살 시도 했는데 그거 땜에 이곳에서 살기 어렵다는 말이 나오네. 나중에 나 죽으면 읽어 줘.(#C-109)

계정은 하나이지만, 그 계정의 사용 목적은 다르다. 자신이 나중에 죽을 때 그 계정의 정보를 유서로 남겨 놓는 경우가 있는데, 해당 계정은 유서계였다.

> 일반 병원에 입원 중인데 다 재미가 없다. 코로나로 집에도 못 가고, 그냥 그만하고 퇴원할래. 퇴원하고 아파트에서 뛰어내리려고.(#C-110)

유튜브에서 자살 유가족을 보니까 우리 부모님이 저리 슬퍼할까 봐 너무 무섭다. 제가 죽었을 때 부모님이 안 슬프고 나를 빨리 잊으려면 유서를 어떻게 써야 할까 너무 힘들다, 이렇게 살다가 갑자기 목맬 것 같다.(@C-111)

락스 먹으면 숨을 못 쉬고 심정지 온다는데 죽을 수도 있나요. # 진학 ($C-112)

너무 힘들고 죽고 싶은데 락스 많이 마시면 죽을까? 제일 깔끔하고 별로 안 아픈 방법일 것 같은데 죽겠죠?($C-112-1)

부모님이랑 학업 스트레스로 더 이상은 못 살 것 같다. 남에게 피해 최대한 안 주고 죽고 싶다.($C-113)

손목 깊게 그어 버리고 수면 유도제 30알 정도 먹고 강에 빠져 버리면 죽을 수 있겠지.($C-114)

열심히 공부했는데 급속도로 삶의 의지가 뚝 떨어졌다. 이제 시험이 4일만 남아서 마음이 조급해졌다. 여기서 떨어져서 죽으면 매일 착잡해하지 않아도 될거 같다.(@C-115)

유서, 다들 오래 살고 행복해야 해 사랑해. 모두들 행복해.($C-116)

유서 일부: 내가 죽으면 슬퍼할 사람이 있는 것 안다. 내가 그 사람들에게 너무나도 큰 고통을 준 것일 수 있다. 이런 내가 싫어서 죽는 거다. 다음 생이 있다면 야생동물이 되고 싶다. 자유로우니까요. 모두들 죽진 말아 줘. 꼭 행복해야 해…. 안녕.

오늘이 마지막이다. 살아도 다시 돌아오지 않을 거다. 비참하다. 별거 없는 날 봐 줘서 감사했다. 부디 행복하게 살아 달라.(#C-117)

공부로 너무 스트레스를 받고 있다. 너무 힘들어서 자살 생각을 넘어서서 자살 시도를 해 보았다. 난간 올라가서 떨어지려고도 해 봤다. 많은 양의 약을 모아 본적도 있고 내 손에 칼을 쥐어 본 적도 있다. 너무 숨이 막히고 답답해서 질식사할 것 같다. 항상 죽고 싶어, 점점 죽고 싶은 마음만 더 커진다.(#C-118)

3층에서 떨어지면 죽을까? 지금 비가 오는데 확실히 죽죠?($C-119)

인생의 의미가 없다. 원하는 꿈이랑 진로 늦었다고 계획 없다고 다 막아 버렸다. 공부로 꼭 성공해야 한다고 말하는 집안에서 살기 싫다. 목맴도 해 보았고 투신하려고도 하고, 차에 치여서 죽으려고 한 적도 있다. 유서 쓰고 고민 중이다.($C-120)

학교도 집도 지옥 같다. 나를 괴롭히는 사람만 있고 내 편은 없다. 삶을 포기하는 게 차라리 낫다는 생각 든다. 몇 년 동안 항상 죽고 싶다는 생각을 해 왔다. 남은 사람들에게 할 말이 없어서 유서는 쓰지 않으려고 한다. 이제 그만하고 싶다. 모레 12시에 뛰어내리려고 한다.($C-121)

7월 5일이 자살하는 날이야, 미뤄 왔는데 꼭 할 거야.(#C-122)

내가 죽으려는 이유. 1. 난 살아갈 가치가 없다. 그 무엇 하나 도움도 안 되고 민폐만 끼치며 그 누구도 날 좋아하지 않는다. 왜 태어났는지마저 의문인 사람, 아니 어쩌면 삶도 아닌 존재가 나다. 2. 난 죽어 마땅하다. 내 부주의로 피해를 본 사람이 있고 그들 중엔 왜 태어났냐며 물어보는 사람들도 있었다. 죽어 버리란 사람도 있었다. 많은 이들이 내 죽음을 원한다. 3. 무엇보다 내가 죽기를 원한다. 죽을 용기를 얻었으니 내게 자살은 일도 아니다. 이렇게 살 바엔 차라리 죽어야지. 이 글을 올리고 어디 죽을 만한 데를 갈건데 더 이상 나를 기억하는 사람이 없었으면 좋겠다. 누군가 이 글을 본 사람이 있으면 모른 척해 줬으면 좋겠다.(#C-123)

청소년의 자살에서 스스로 답을 낸다. 내가 죽어야 하는 이유? 내가 살면 안 되는 이유와 같은 것들을 일일이 종이에다 적은 것들을 여러 번 보았다. 그런데 그 글에서는 아주 작은 것에 시작해서 부정적으로 자신을 작게 해석할 때가 있었다. 이러한 해석을 통해서 자신을 부정하게 되고, 그것으로 자살해야 할 이유 하나가 아닌 여러 가지가 만들어진다. 문득 이 노래가 생각난다. 「당신은 사랑받기 위해 태어난 사람」. 자녀와 학생들에게, 태어나 준 것에 대한 고마움을 모두들이 가지는 것이 어떨까 한다.

계속 고민했다. 죽을 용기로 열심히 살라고 하는데 솔직히 열심히 살아 봤자 의미 없어서 자살을 생각한다. 내가 죽으면 알아서 장기 떼어 가겠지. 안녕히 계세요.($C-124)

지금까지 죽고 싶다고 생각한 것만 수백 번 이상은 된다. 하지만 내가 가장 좋아하는 애니 편이 있다. 애니가 내 인생의 전부인데 완결하면 어떡할지 고민 중이다.(@C-125)

내가 떡볶이를 너무 좋아하는데 마트를 가다가 복이 먹으러 가자고 했더니 아빠가 화나신 것 같다. 지금 울고 싶어 목맴을 했는데 너무 아파서 못 하고 칼로 손목을 그었어. 떨어져 죽는 것은 내가 아픈 걸 싫어해서 병원만 가면 울어. 그래서 만약 안 죽고 뼈가 부러지면 너무 내가 원망스러울 것 같다. 약국에서 안 비싼 약 있을까.(!C-126)

죽기 좋은 장소 추천해 주세요. 오늘 죽을 건데 어디서 죽는 게 좋

을까.(사진: 지도.) ($C-127)

집에 해만 끼치는 것 같아서 빨리 죽으려는데 보험금 얼마나 나올까.(@C-128)

이제 기말고사 얼마 안 남아서 무섭다. 수업 시간에 혼자 손톱으로 자해하고, 목을 졸라서 힘이 빠져 기절한다. 이제 그냥 쉬고 싶은데….(@C-129)

은따 비슷한 걸 당해서 자살 생각을 많이 했다. 요즘 들어 사춘기랑 겹쳐서 더 심해졌다. 매일 울고 빨리 방법을 알아서 떠나고 싶다. 새 삶에 필요한 사람한테 생명을 주고 떠나고 싶다. 부모님도 내가 이러는 거 모르신다.(@C-130)

아무것도 하기 싫고 그냥 죽고 싶다. 부모님은 내가 무슨 일이 있든 걱정을 안 한다. 유서는 이미 써 놨다.(@C-131)

너무너무 한심해서 생을 포기하고 싶다. 사람들이 날 좋아하지 않는다. 존재감도 없다. 내 마지막 유서다. 다들 행복하게 살아 주세요. 2021. 6. 27.(@C-132)

커뮤니티에 한 개의 글을 게시했다. 내용은 생을 포기하고 싶다는 것으로서 일상적인 것들이 적혀 있었다. 그런데 끝까지 읽고 보니 이것은 유서였다.

> 나는 왜 태어났을까. 남에게 피해만 주는데. 왜 살고 있을까. 정말 저는 왜 태어났을까. 아무런 감정도 없어, 내가 죽어도 아무도 관심 없을 거야.(사진: 날카로운 것에 그은 자해 흔적.) (@C-133)

> 너무 힘들다. 주변에 힘들게 하는 사람이 없어서 더 힘들어요. 미래가 막막해요. 커서 뭘 해야 할까, 어린 나이이지만 이제 엔딩을 보고 싶다. 이제 삶을 끝내고 싶다.($C-134)

> 나 자살할 건데 가장 예쁜 옷 입고 맛있는 거 먹고 아름다운 곳에서 죽을 거야. 옷은 정했어. 수요일 밤에 죽을 거야.($C-135)

> 나는 자살을 생각하고 있다. 원래 어제 11층에서 투신자살하려고 했다. 어차피 죽을 거니까 투신 전에 부모님에게 진지하게 내 문제에 대해서 이야기를 했는데 자살 생각을 그만두는 게 어렵다.(!C-136)

> 이미 자살 시도 했어, 한 번이 어렵지 두세 번은 쉬워졌어, 이번엔 꼭 성공하고 싶어.($C-137)

자살 시도 후 실패한 사람은 본인이 의지를 꺾지 않으면 거듭된 결행을 할 때가 있다. 자의로 실패하거나, 누군가로 하여금 실패한 사람은(발견, 신고) 두 번 다시는 실패하지 않으려고 자신의 의지를 굳게 한다. 결행자가 "이번엔 꼭 성공하고 싶다."라는 것은 의지를 굳게 하고, 구체적인 계획을 세운다는 것을 의미한다.

겉으로는 같이 울어 주고, 웃어 주고, 화내 주고 했지만 속으로는 아무 감정도 안 느꼈다. 정신과 치료도 해 보았지만 좋아지는 건 하나도 없었다. 사는 게 무의미하고 아무 자극도 없어서 죽으려고요.(@C-138)

남이 날 좋아해 주기를 바라서 다 맞추어 주며 살아왔는데 너무 지쳤다. 기말고사도 보기 무섭고 화가 나면서 수업 시간에도 손톱으로 자해한다. 그냥 쉬고 싶은데…. 혼자 목을 조르는데 기절한다.(@C-139)

6층에 사는데 차로 떨어지면 죽을까요. 얼마나 다칠까요. 또 차 비용이나 치료비는 많이 들까요.($C-140)

친한 친구가 있는데 폭력이 심하다. 장난으로 툭툭 치면 친구는 몇 배씩이나 더 폭행한다. 그럴 때마다 속상해서 울면 또 놀린다. 그래서 자해를 하고 흉터를 가리고 다닌다. 옥상에 올라가 땅을 보며 울었다. 죽으려고 올라간 건데.(!C-141)

주변 사람들에게 상처도 주고 내가 한심하게 느껴지고 쓸모없다고 느껴진다. 얼마 전 내 친구도 세상을 떠나서 주변 사람들이 얼마나 힘들고 아파할지 알지만요. 더 이상 목표도 미래도 없고 이룬 것 없어서 먼저 간다.(#C-142)

오늘 시험인데 정말 열심히 했는데 망한 거 같다. 부모님은 내가 공부 잘하는 것을 바라는데 우울해요. 부모의 기대를 저버리고 돈은 많이 깨지고 해 보고 싶은 건 많은데 공부를 잘하는 것도 아니다. 그냥 죽는 게 답인가 싶다. 너무 우울하고 죽고 싶고 매일 식칼 들고 목 쑤시는 상상을 한다. 이대로 죽는 게 나을까, 어차피 동생도 있어서 내가 죽으면 동생을 더 잘 키우면 될 것 같아서, 죽는 게 나을 거 같다.(@C-143)

이것이 죽기 전 사람의 감정이구나, 다 소중하고 아름다움. 아직 하고 싶은 것도 많은데 나쁜 기억과 소중한 기억도 많았지, 다 안고 가겠다. 유서 쓰는 중, 이 세상이 뭐 좋았다고 슬프냐, 내 생이 얼마 안 남았다는 생각이 드니 많은 생각이 든다. 담임 선생님도 좋은 분이셨고, 친구들과도 재밌었는데. 사랑했다. 죽을 때 이 폰도 던져 버려야지, 유서는 종이에 옮겨 쓰고.(#C-144)

자살하려고 마음먹은 날엔 가족과 날 좋아해 주는 친구가 있어서 자살을 못 하겠어.(@C-145)

자살 동기가 가족 및 친구의 문제가 아니라면 결행 전에 많이 망설인다. 그래서 "누가 날 좀 죽여 주면 좋겠어."라는 등 타인의 개입으로 사고로 죽기를 바란다. 그런데 이렇게 죽기는 어렵다. 이런 점에서 볼 때 가족과 친구의 역할은 중요하다.

경련이 일어나서 쓰러진 날 부모님은 제가 쇼하는 건 줄 알았다고 하네요. 내가 왜 이렇게 마무리를 챙기는지도 의문이고, 학원을 가면 너무 힘들어서 아무 말도 안 하고 죽은 사람 마냥 가만히 있다. 너무 힘들어서 그냥 손목을 그었다. 나는 폰에 유서를 들고 다닌다. 다음 생에는 행복하고 싶다.(#C-146)

다음이 있다면 다들 행복하자 먼저 갈게.($C-147)

우울증을 앓고 있는데 최근에 자살 충동이 심해졌다. 모든 사람들이 다 날 싫어하는 것 같다. 학교도 부모님이 정해 준 대로 가야 되고 성적 떨어지면 혼난다. 성공하고 싶은데 더는 못 버티겠다. 친구에게는 나쁜 병 걸렸다고 거짓말할 거다. 7월 18일에 자살하려고 마음먹었는데 내 생일이 8월 6일이라서 생일까지만 보내고 죽을까 생각하는데, 그냥 옥상만 보면 올라가서 확 죽어 버릴까 충동적인 마음이 생긴다. 친구들한테는 대충 암에 걸렸다고 거짓말하고 약만 먹다가 죽는 척할 거예요. 입원 치료 안 하면 죽을 확률이 높으니까요.(#C-148)

"행복은 성적순이 아니잖아요." 1980년경 한국 드라마 주제다. 요즘 청소년들이 시험 전후에서 많은 스트레스를 받고 있다. 물론, 좋은 성적으로 원하는 학교에 들어가려면 그만큼 공부를 해야 하는 것은 당연하다.

그런데 이러한 스트레스를 보호자까지 준다면 학업에 대해서 압박감은 클 수밖에 없다. 그래서 청소년이 시험을 전후로 밤에 공황 증상을 호소하는 글을 많이 본다. "이제 시험인데 숨 막혀 죽을 것 같아." 이것이 계속되면 치료를 받거나 심하면 학업을 중단해야 하는데, 사실 부모가 학업에 대한 스트레스를 주고 있는 와중에 치료를 받고 싶다고 말하거나, 학업을 중단하고 싶다고 말할 수 있는 사람은 그렇게 많지 않을 것이다. 그럼 결국 혼자서 이를 감당해야 하는데, 이때 자살 징후를 보일 때가 있다. "이번 시험만 끝나고 바다가 되어야지, 이번에 열심히 공부해서 부모가 바라는 시험 성적표 주고 죽을래."

이제 자살은 남의 일이 아니다. 자녀가 겉으로는 항상 웃고 활발해 보여도, 마음은 아프고 매일같이 울고 있을 수 있다. 그리고 보호자가 알아차리지 못한 상태에서 자해를 하고 있을 수 있고, 그 이상으로 자살 생각을 하면서 자살을 구체적으로 계획하거나, 결행일까지 정해 두었을 수 있다.

자녀는 그 누구보다도 보호자가 잘 안다고 하지만, 자살은 보호자가 알지 못한 상태에서 생을 마감하고 있는 것이니만큼 그것까지 보호자가 알 것이라고 생각하면 안 된다.

청소년 자살이라는 뉴스를 접하면 어떤 생각이 드는가? 그때는 소중한 생명이 젊은 나이에 빨리 떠났기에 안타깝다고 끝낼 것이 아니라, 자녀의 자살 징후가 무엇이 있을 수 있는가를 되돌아볼 필요가 있다.

자살 유가족들 중 내 자녀가 이렇게 빨리 떠날지를 확정한 사람은 없다. 즉 유가족은 어느 누구의 가정이든지 간에 찾아온다.

자녀의 학업 스트레스를 줄이기 위한 다양한 노력들이 필요하지 않는가 생각해 본다.

자녀가 "행복은 성적순이 아니잖아요."라고 말하기 전에 "너의 행복은 성적순이 아니다."라고 말하는 보호자가 되어 주면 자녀는 그 행복을 찾으려고 할 것이다.

시험 못 봤고 부모님에게 혼날 거야 진짜 눈물 난다. 지금 옥상 계단에서 울고 있어. 무서워서 뛰어내리지 못하고 있어.(#C-149)

3일 이상 연락 안 되면 죽은 거예요. 자살 시도마다 실패임, 손가락이 왜 다섯 개인지 몰라서 새끼손가락 자르려다가 엄마가 방문 두드려서, 지금 잘라 버릴까.($C-150)

나는 아픈 데도 없다. 장기 기증으로 새 생명을 나누고 떠나고 싶

다.[99] (!C-151)

친구가 자살했다. 나도 준비 중인데 친구의 장기 기증이 좋았다. 이제는 가까운 곳에서 보고 싶은데 여섯 시간 정도면 발견되겠죠.($C-151-1)

위로 필요 없고 투신이 아닌, 재미있게 죽으면 더 좋은데 방법 있나요.($C-152)

오늘 자살하려고 했다. 자살이라는 단어는 머리와 마음에 굳게 들어갔고 집도 고층이라서 뛰어내리려고 했다. 이러면 안 되는 건데 이러는 순간에도 그냥 자살이라는 생각밖에 안 들어서 눈물만 났다.(#C-153)

8월에 집에서 먼 곳으로 떠나서 자살할 건데 죽기 전에 경찰에게 잡히면 어떻게 될까.($C-154)

공부도 잘해 보고 성격도 좋아지려고 노력했는데 너무 힘들다. 하 이제 포기해야겠다. 너무 힘들어서 자살하려고 한다.(#C-155)

---

99) 장기 기증과 관련된 글에서 자신의 죽음을 준비하기 위한 암시 글을 종종 본다. 이때 글쓴 이의 나이가 어리면 장기 기증은 곧 자신의 사후 처리를 준비하기 위한 글로 의심해야 한 다. 초등학생이 죽기 전에 새 생명에게 장기를 기증하겠다는 글을 볼 때 그만큼 빨리 심해 지고 있음을 느껴 본다.

오늘 자살할 생각이다. 제가 중초부터 쌓아 온 내신이 한 번에 무너져서 제 자신이 살 가치도 없다.(@C-156)

자살할 것 같은데 죽기 전에 119 도착하면 해 줄 수 있는 처치가 있나요.($C-157)

학교 가면 높은 데만 보면서 다녔어 뛰어내리게, 울었어. 죽고 싶은데, 자살하고 싶다. 7~8월 사이에 죽을 건데.(!C-158)

많이 우울해요. 자살을 시도한 적도 있어요. 근데 죽는 게 무서워요. 부모님께 말을 못 하겠어요.(!C-159)

중간고사로 부모님의 압박감과 너무 큰 기대감에 더 이상 죄송해서 살 수 없다. 곧 기말인데 그때까지 못 살 것 같다. 소리 없이 바로 자살하려는데….(@C-160)

타살로 오해받아 부검하거나 포렌식으로 내 정보 다 까이고 싶지 않다. 타살이 아님을 유서로 효과적으로 쓰는 방법이 있을까.($C-161)

죽는 꿈 꿨어. 하염없이 도망치다 옥상에 올라왔는데, 내 친구가 옥상으로 올라와 옥상에서 떨어져 피가 흐르는 것을 봤다. 그래서 나도 같이 뛰어내렸는데 나만 죽었다. 칼로 찌르고 싶다, 살아 있는 게 싫어, 약 먹어도 안 죽더라. 그때 죽었어야 했는데, 뛰어내리는 게 답인 것 같다. 비 오는 날 죽는 것도 나쁘지 않다고 생각해. 비랑 피랑 섞여 흘러가는.($C-162)

죽기로 결심했다. 내 몫까지 열심히 살아 달라. 위로 못 해 드려서 죄송하다.(#C-163)

다른 글쓴이가 "부모님이 저 때문에 많이 힘들어하는 것 같아요. 제가 사라지는 것 맞는 것 같다. 살고 싶은 생각은 없다. 진짜 죽고 싶다."라고 적었다. 그런데 이 글에 암시자가 답변을 했다. 그것은 결행이 확고해 보였다. 이렇듯 자살 암시는 본 계정에서도 나오지만 그곳에 댓글을 쓰거나 반응을 보인 사람들을 통해서도 암시 글이 발견될 때가 있다. 만일에 당시 글쓴이 것만 보았으면 그 댓글에 신경 쓰지 않았다면 그 답글자를 신고하지 못했을 것이다.

내가 급하게 죽어야 하는데요. 약국 종이봉투에 총 열 개 이상밖에 없다. 이거 다 먹으면 죽을까요.($C-164)

자살 충동이 생긴다. 처음에는 괜찮아지겠지 싶다가도 그냥 침대에 누워서 하루 종일 있고 싶고 그냥 자살하고 싶기도 하다. 부모님에게 알리기도 싫고 우울하다. 이런 이야기 정말 못 하겠고 상담은

부모님이 알게 되니까 싫다. 내 자신이 싫어진다. 자살 계획도 세우고 유서도 쓰고.(@C-165)

어떻게 죽어야 하나, 목 졸라 죽을까, 죽고 싶다. 언제쯤 죽을 수 있나. 이제 곧 나도 죽는다. 죽고 싶다 제발.($C-166)

하늘을 보고 있는데 왜 떨어지고 싶지.(사진: 줄 매달아서 자살 시도한 사진, 목에 줄을 묶어서 짙은 삭흔 흔적이 보임.)(!-167)

더 이상 못 살겠다. 희망도 안 보여 그냥 다 허무하고 죽고 싶다는 생각 말곤 안 든다. 내일 학교 일찍 가서 화장실에서 목매고 죽으려고 잘 있어.(#C-168)

떠나기 전 유서 쓸 사람이 없으니 그냥 가야지. 내가 밖에서 끝났을 때 가족들은 실종된 걸로 생각할까.($C-169)

목매달면 의식을 잃은 상태에서 몇 분 동안은 심장이 뛴다는데 살 수 있는가요. 정말 내가 이렇게 힘들다 는걸 알려 주고 깨달아 줬으면 좋겠다. 자해까지 하고 팔에 흉터가 엄청 남았지만 오히려 화를 냈다.(@C-170)

청소년은 자신의 힘듦과 고통을 알아차림을 바란다. 이때 이를 알아차리지 못하면 죽음의 첫 발걸음인 자해를 하기도 한다.

그런데 그 자해를 보고도 가족이 '그동안의 힘듦과 고통'을 이해하기는커녕 화를 낸다면, 더 이상 자해자가 기댈 수 있는 공간은 없는 것이나 마찬가지다. 물론, 상담을 받으면 일부 해결될 수 있더라도, 이미 부모에게 자해를 들키고 상처받은 이상 해결점을 찾는 것은 어렵다.

이때 청소년은 진지하게 자살을 생각하거나, 아니면 이 정도인데도 나 힘든 것 못 알아주냐면서, 더 힘든 것을 보여 주겠다며 낮은 층에서 뛰어내려서 골절상을 입거나, 응급실에 실려 갈 정도로 자신의 몸을 혹사시킬 때도 있다.[100] 어떤 경우는 '자살 시도를 하면서 심각성을 인식시켜 주려고 하는 모습'을 종종 보았다.

그런데 남녀마다 다를 수도 있지만, 알다시피 청소년이 자살 시도의 모습을 보이기 위해서 할 수 있는 선택은 투신과 목맴이다.

그래서 청소년이 대교 앞에서 투신하는 척하다가 대교에 설치된 상담 전화나 자신의 휴대폰을 이용해서 투신하려 한다고 말해 긴급히 119가 출동하는 일, 또한 사람이 많은 틈을 타서 투신하는 모습을 보이다가 그 사람의 설득으로써 경찰관이 출동하는 일. 그런 일을 통해서 바라는 것은 결국 '자신의 힘듦과 고통이 자살까지 이어질 수 있음을 보호자가 알아주길 바란다는 메시지'로서, 그

---

100) 때로는 낮은 층에서 뛰어내려 골절상을 입고, 입원 중에 자신의 입원한 모습을 사진으로 찍고 이를 SNS에 올리면서, 드디어 입원했다고 좋아하거나, 병원에 가니까 부모님이 이 것저것 잘 챙겨 주네, 라면서 행복해하는 글을 적었다.

들은 자살 중지자들이고, 시도자는 아니다.

그런데 목맴은 다르다. 목맴을 통해서 알아달라고 하는 것은 매우 위험한 행동이다. 이때 목맴은 거주하는 집 안에서 이루어지는데, 부모님이 자신의 목맴을 알아달라는 의미에서 시간을 맞출 때가 있다.

보통은 부모가 집으로 오는 시간에서 현관 앞에서 목맴을 시도하다가 부모가 그것을 보고 구조되는 것, 또는 방 안에서 목맴 시도하면서 가족이 방 안으로 들어올 무렵에서 이를 알아차리는 것이다. 그런데 이것은 중지가 아니라, 자살 시도다. 비록 자살할 생각 없이 목을 매도 이를 뒤늦게 발견하면 사망이다.

그리고 자살할 사람은 구조 당시에 자신이 아니라면서 '변명하거나, 격하게 반항하거나, 침묵을 유지하거나, 솔직한 심정을 말하지 않으려고' 한다. 이렇듯 자살 중지와 자살 시도의 위험성은 현저히 다르다. 청소년이 이 정도까지 자신의 힘듦을 알아차려 달라고 하는 것을 놓치는 부분이 없지 않은가를, 자녀를 키우는 부모라면 한 번쯤은 생각해 볼 필요가 있다.

비가 오고 있다. 혼자서 빗소리를 듣고 있다. 이렇게 아플 거면 편하게 죽을래, 자살하고 싶어. 제발 날 죽게 해 줘, 모두 다 끝났다. 정리해야지. 하늘이 참 예쁘다. 내가 찍었는데, 다들 내가 죽으면 장례식장에 온다면 웃어 줘, 잘 살아.(@C-171)

가족과 친구들에게 트라우마 주지 않고 죽을 수 있는 방법은 무엇이 있을까. 죽으려니 가족들이랑 친구들이 걸린다. 곧 죽을 텐데 평소에도 살 이유를 못 느꼈는데 오늘을 기점으로 죽는 것도 나쁘지 않다. 고생했다는 말 한마디만 해 달라, 그것만으로도 충분히 미련 없이 떠날 수 있을 것 같다.(#C-172)

사람 중에 내가 없어진다고 뭐가 달라지냐, 사람은 언젠간 자연사를 하게 된다. 난 그냥 조금만 더 일찍 죽으려는 거다. 지금까지 초라하게 살아왔으니 마지막으로 이쁘게 죽고 싶다.($C-173)

고통스럽다. 오늘 마지막이니 다 말하겠다. 사람이 죽었다고 사람에게 해를 못 끼치는 게 아니다.($C-174)

내가 죽으면 슬프겠지, 슬퍼하지 않았으면 좋겠다. 목맸었다. 기억이 나지 않는다. 목을 맨 순간 얼굴이 터질 것 같았다. 눈에 압력이 가해지는 느낌이 들었다.($C-175)

부모님이 다툴 때 내가 만약 투신해서 자살하면 부모는 이런 모습을 보고 자책하면서 깨우치지 않을까 생각한다.($C-176)

코로나로 부모님 장사도 안되고 힘드는데 너무 죄송하다. 두 달 전부터 살고 싶지 않다. 안 아프고 편하게 하늘에 가는 방법이 없을까 생각한다.(@C-177)

칼로 심장 부근 찌르는 건 칼이 낡아서 잘 안 되네요. 쉽게 하늘 가는 방법 알려 주세요.($C-178)

열심히 노력해도 성적이 잘 안 나온다. 내일은 학교 가지 않고 계속 살아도 되는 건지 생각해 보려고요. 부모님 죄송해요.(#C-179)

곧 죽을 준비하려고, 조용히 죽으려고.(@C-180)

사는 게 두렵다. 엄마에게 미안하고 또 고맙다. 부디 저 하늘 별이 되는구나 떠올려 줘라. 6월 5일에 죽으려고 한다.(@C-181)

죽는 게 불효인 거 다 안다. 하지만 정신과 다니면서도 앞으로가 없을 것 같고 유서조차 남기기 싫다. 죽기 전에 마지막으로 정리하고 있다.($C-182)

오늘 따라 더 죽고 싶어, 떨어지고 싶고 목매달고 싶고 바다 가고 싶고 칼로 찔리고 싶고 그냥 다 그냥 너무 힘들다 학교에서 투신하거나 목매달고 죽든지 너무 힘들다. 자살을 계획 중이다.($C-183)

사고만 치는데 그냥 죽는 것이 낫겠지, 죽고 싶단 생각밖에 없다. 그냥 죽을래.($C-184)

협박하는 사람이 있는데 그 사람이 자기 말 안 들으면 때리는데 지금 당장 죽고 싶은데 어떻게 하지.(!C-185)

집중도 안 되고 우울해서 우울증 테스트 해 봤는데 극심한 우울증으로 나왔어요. 부모님에게 우울증이라고 말했는데 헛소리하냐고 말하네요. 열 살부터 자살 생각했다.(!C-186)

저 오늘 자살해요. 하고 싶은 말 하세요.($C-187)

나 힘든 거 알아줬으면 좋겠다.(사진: 팔목에 수십 차례 자해한 흔적들.) 다른 아파트에 들어가서 떨어질 예정이다.(@C-188)

자살 계획 중인 단계다. 생각은 오래 했는데 몇 명의 사람들이 있어서 미루고 있는 상황인데 이젠 그러기도 지쳤다.($C-189)

혀 깨물었다. 피가 쏟아져 죽으면 좋겠다.(사진: 혀에 피가 보이고, 바닥에 피가 흥건함.)[101] (@C-190)

자살 시도다. 너무 힘들다. 죽으려는 마음에서 집에 있는 약 봉투에 있는 약들 40개 이상은 먹은 것 같은데 죽겠지, 부모님 사망 보험

---

101) 글쓴이는 저층에서 추락한 흔적이 확인되는 등, 이제는 옥상에서 투신한다는 글이 발견되었다.

금은 받아야 할텐데 돈은 나올까요.($C-191)

학교 졸업하는 날 자살할 생각하니 너무 우울하다. 슬슬 물건 정리하고 보고 싶었던 사람들 만나면서 관계정리도 하고 있다. 시간 날 때마다 소중했던 사람들한테 개인적으로 편지도 간간이 쓸 예정이다. 어차피 죽을 거라서 공부는 안 하려고. 심적으로 이제는 너무 지쳐서 졸업하는 날 졸업식 마치고 친구들이랑 놀다가 밤에 안 알리고 혼자 자살할 거다.(#C-192)

며칠 살다가 자살할 거다. 좋아하는 사람이 있다. 그 사람에게 죽은 소식 안 알리려고 한다.($C-193)

죽을래요.($C-194)

죽으면 편하겠지, 천사든 악마든 저승사자든 좀만 기다려 줘, 곧 날 데리러 오게 해 줄게, 편해지고 싶어서 죽는 건데 편하게 죽을 수 있을지, 목매달기 3초 만에 실패했어, 점차 늘리다 보면 3초가 3분이 되고 언젠가 죽을 수 있겠지.($C-195)

죽고 싶다. 삶이 지치고 힘들다. 밤마다 울고 다음 날 학교 가면 나만 혼자고 쓸쓸하지 않은 척하는 내 자신이 한심하다. 죽을 때 폰 유심 부러트리고 죽고 싶다. 부모님에게 얘기하니 덤덤하시고, 자해는

상처 남고 계속 따갑고, 반복하는 것보단 그냥 한 번에 죽고 끝내는 게 더 좋아.(@C-196)

진심으로 죽고 싶다. 사는 게 너무 무기력하고 모든게 하기 싫고 다 때려치우고 싶다. 수업 때도 자거나 자살 생각뿐이다. 어차피 죽을 건데, 라는 생각만 들어서 아무것도 안 하게 된다. 이미 다 조졌고, 우울증 치료도 안 받고 싶다. 진짜 죽고 싶다.(#C-197)

내가 죽어도 저를 기억할 건가요. 곧 있으면 날짜 정하는데 다른 분들은 행복하시기를 바라요.($C-198)

내가 너무 힘들 때 의지한 친구인데 그 친구가 갑자기 나를 피하고 싫어하는 것 같아서 그냥 죽어 버리고 싶다. 눈물은 안 멈추고 우울감은 한없이 커지고 내 편은 하나도 없다. 어제 유서도 썼다.(#C-199)

세상에 날 이해해 주는 사람 한 명도 없고 죽고 싶은데 손목보다는 물에 빠져 죽는 게 덜 아프려나.($C-200)

유서에 장례식 원치 않는다고 하면 되나요. 조용히 가고 싶습니다.($C-201)

살기도 싫고 친구 문제 공부 문제가 있다. 커터 칼로 자해 경험 있

는데요, 자살하는 방법 알려 주세요. 제발 부탁해요.(!C-202)

곧 자살해야지, 옥상 19층인데 즉사 가능하려나, 얼른 죽자 제발 죽자.(#C-203)

어릴 때 친구들에게 따돌림을 받고 전학 와서 잘 생활하고 있는데 요즘 불안해지면서 눈물이 나오고 숨 쉬기 어렵다. 또 친구들이 날 싫어할까 봐 무섭다. 죽으려고 창문에도 여러 번 올라갔는데 내려와요 너무 슬프다.(@C-204)

친구랑 헤어지고 지금도 운다. 자살하려는데 어떻게 할지 고민이다.(@C-205)

엄마는 어딘가로 가고 아빠는 아파서 잘 못 본다. 내가 누군가의 인형처럼 살고 있으니 너무 살기 싫다. 집이 18층인데 뛰어내리면 죽겠지.(!C-206)

너무 죽고 싶다. 저 자살 계획 있어서요 내일 죽으려고요.(@C-207)

가족에게 왕따 당한다. 그래서 내가 죽으려고요. 이미 유서 내용도 다 정했는데 죽으려고 시도도 했는데 왜 내가 죽어야 하는 걸까요. 하고 싶은 것도 있고 먹고 싶은 것도 많은데요.($C-208)

> 미성년자 혼자서 병원 가면 이상한 사람을 볼까요? 부모님에게도
> 알려질까요? 자살 시도까지 해 봤고 자살 충동이 너무 커서 병원에
> 가려고 한다.(#C-209)

청소년이 자살 충동을 벗어나 자살 시도까지 했으면 상당히 생명이 위험한 상태다. 부모에게 말해서 병원을 가면 좋을 텐데 이것은 이미 자살 시도 하기 전에 말을 했을 것이다. 더구나 이렇게 자살 시도까지 한 상황에서는 부모에게 사실 그대로 말을 하지 않는 편이다(왜냐면, 자신의 힘듦과 고통을 부모가 알아채지 못했기 때문이다). 그래서 혼자서 병원에 가야 하는데 보호자가 알지 못한 상태에서 정신과 진료를 받아서 약을 처방받는 것은 어려우므로 그의 선택은 결국 정신과적 치료를 포기하고, 거듭된 자살 시도로 생명을 놓을 위기에 있다.

> 살고 싶은 마음이 없다. 집이 단독주택이라 아파트에서 떨어지는
> 것은 힘들다. 혀 깨무는 거는 안 죽을 것 같은데….(@C-210)

> 슬퍼서 마지막에 속상하게 해서 미안하다 하고 지금 내 방에 왔
> 다. 부모님께 불효하면서 돈만 축낸다. 유서 작성도 마쳤고 늦은 시
> 간에 죽을 준비하는데 조용하지 않더라도 제일 빨리 편하게 생을 마
> 감하고 싶다. 마지막으로 추억 한 번만 회상하고 갈게요.(@C-211)

사랑받으며 컸지만 부모님은 동생만 챙긴다. 힘들어서 방충망 열고 떨어지려다가 창문이 막혔다. 7월 중에 저 죽을지도 모릅니다.(@C-212)

번개탄 자살 성공률은 얼마나, 실패하면 현타 올까 봐 한 방에 가려는데.($C-213)

며칠 전에 너무 힘들어서 울면서 유서 썼다. 어제 죽을 생각에 새벽에 바다에 갔었다.(@C-214)

부모님에게 맞았다. 차라리 내가 태어나지 않았으면 어땠을까 하는 생각이 든다. 이제는 가족도 믿기 힘들다. 자살 시도도 해 봤다. 그냥 죽고 싶다는 생각이 든다.(!C-215)

게임 한 판 한다는데 부모님이 혼낸다. 한 판도 안 되냐고 하면 말대꾸하지 말라고 한다. 너무 힘들어요 지쳤고 세상에 없으면 좋겠고 죽고 싶다. 하늘 가고 싶어요.(!C-216)

자해 들켰다. 병으로 괴로워하면서 인생만 낭비하고 있다. 차라리 죽는 게 나을 것 같다. 내가 못 버텨서 어떻게 자살할까.(#C-217)

아파트에서 뛰어내려서 죽으면, 최대한 차 없고 텅 빈 곳에서 죽으

면.(#C-218)

자살은 어리석다는 소리 하지 마, 내가 아는 것은 목매달기, 약 먹기뿐인데 둘 다 돈이 필요해, 내가 학생이라 돈이 많이 없어요. 고통스러운 것은 상관없는데 남들에게 피해 안 가고 자살하는 방법을 알려 줘요.($C-219)

부모님께 폐도 끼치고 싶지 않은데, 어디 높은 폐건물에서 자살해야 할까, 유서 편지는 가족에게 모두 써야 할까, 친했던 친척에게도, 20층에서 고개 숙이고 죽으면 찰나의 아픔만 느껴지려나, 몇 시에 죽어야 할지, 이어폰으로 좋아하는 노래를 들으면서 자살해도 되겠지.(@C-220)

죽고 싶어요. 저 좀 살려 줘요 미칠 것 같아요. 죽기에도 무섭고 그런데 살기 싫어요. 살기 무서워요. 아무것도 하고 싶지 않아요. 주위 사람들 다 좋은 사람인데 도저히 도움을 청할 수 없다. 가려진 내 자해 흉터를 보고 손을 내밀어 주셨으면, 도와주세요 저 죽고 싶지 않아요. 살려 주세요. 저 이러다가 죽으면 어떡해요? 이제 그만하고 싶어요.(#C-221)

전에는 목표가 있었는데 이제 없다. 죽고 싶은데 6층에서 머리부터 떨어지면 죽을까.(@C-222)

나도 자살할까. 울고 싶은데 눈물이 안 나와. 미안해 시간이 얼마 안 남았어 안녕.(!C-223)

인생에 가망이 없는 것 같다. 병원을 가고 싶은데 못 가고. 나랑 같이 죽을 사람.[102] (!C-224)

하루하루가 지루하고 너무 우울하기만 하다. 너무 지친다. 다들 사춘기라고만 하고 위로도 받아 보지 못했다. 유서도 써 봤자 볼 사람도 없을 것 같다. 오늘 내가 삶을 끝내는 게 맞는지 고민이다.(@C-225)

평소 학교생활 잘하는데 혼자 있으면 우울하다. 자해도 습관처럼 한다. 자살을 많이 생각한다. 이젠 딱히 죽는다는 게 두렵지 않다. 이 정도면 죽어도 괜찮지 않을까 같은 생각도 한다.($C-226)

어차피 자살할 건데 왜 사는지 모르겠다. 내가 죽어야 한다고 생각한다. 올해 시험 봐야 하는데 공부 왜 하고 있는지 모르겠다. 지금 죽으면 공부 안 해도 되는데. 최선을 다하고 내가 받고 싶은 성적은 받고 죽어야지 하고 있는데 죽으면 다 소용없는데 왜 하고 있는지 모르겠다.($C-227)

---

102) 이에 청소년이 "저도 같이 죽고 싶다."라고 말하며, 게시자가 "저한테 올 수 있으시면 같이 죽어요."라며 동반 결성된 것이 확인됨.

죽기 전 마지막 남기는 글이다. 내가 죽으면 부모님이 슬퍼할까? 충격에 나 따라서 죽을 수 있을까?(@C-228)

너무 힘들어서 어제 죽으려고 약을 이것저것 해서 다량(30알 정도) 먹었는데 멀쩡하다. 얼마나 먹어야 죽을까?(@C-229)

죽는 방법 알려 줘.[103] (@C-230)

학업 스트레스로 미칠 것 같고, 숨이 안 쉬어진다. 사춘기는 아닌데 부모님께 말씀드려도 요즘 애들은 다 그런다며 대수롭지 않게 여긴다. 자살 충동이 와서 자살 시도를 여러 번 해 보았다. 너무 힘들다.(@C-231)

오래 고민하고 결정했다. 줄은 없고 넥타이랑 스타킹만 있는데 가장 덜 아프게 죽으려면 어떤 걸로 해야 하나.($C-232)

세상 살기 힘들어서 일주일 뒤에 자살할 거다. 다음 주 화요일 낮에 뛰어내리려고요. 그전까지 뭐 하면서 지낼지만 고민해야지.(@C-233)

---

103) 단순히 죽는 방법만 궁금해하는 글만으로는 신고 대상이 아니다. 그런데 SNS의 친구들의 댓글에서 이상 징후가 발견되었다. 계정이 비공개여도 1대1의 쪽지 및 그룹으로도 연결해서 활동이 가능하기 때문이다. 계정 내에 암시 글이 보이지 않아도 그들 간의 소통에서 서로가 암시를 한다. 이 글에 답변 단 사람의 "안 죽는다며 죽지 마."라는 글이 발견되었다. 즉 글쓴이는 이미 다른 사람에게 자살 암시를 보였다. 그래서 해당 글은 암시 글로 신고 대상이다.

공부도 못하고 친구도 없고 열등감이 있다. 한심해서 살기 싫다. 부모님이 더 이상 나한테 돈 쓰지 않았으면 좋겠다. 그래서 그냥 내가 죽으려고요.(#C-234)

엄마가 나 때문에 많이 힘들어한다. 5층이면 죽을 수 있을까, 10층은 되어야 하려나, 유서를 남겨야 하나, 내가 죽으면 내 친구들은 슬퍼해 주겠지, 다음 생은 누구도 힘들게 하지 않는 사람이 되고 싶다.($C-235)

사는 게 너무 힘들고 희망이 없어서 자살하려고 한다. 학교 옥상은 문이 안 열려 있고 집 옥상은 너무 낮아서 죽지 못할 것 같다. 내가 죽어서 보험금으로 가족들이 다 같이 잘 지냈으면 좋겠다.(@C-236)

공부 때문에 내 자신이 너무 싫다. 지금 당장 죽고 싶은데 죽은 후에 가족과 친구들이 나를 어떻게 볼지 걱정이다. 지금 죽으면 주변에서도 울지 않고 좋아할 것 같은 기분이 든다. 간단한 자살 방법을 알아보겠다.(@C-237)

정신과 다니는데 죽어야겠다는 생각이 지워지지 않는다. 주변 정리 중이다.($C-238)

자살 예정일 2021. 3. 27. 4:30, 부디 제발 오늘이 마지막이 되기
를.(C-239)

   자살 예정일을 정한 사람을 보면 진위와 거짓이 있다. 즉, 정말
죽을 것이냐, 살 것이냐다. 진위는 결행일이 다가올수록 결행을 준
비하는 모습을 보이는데, 거짓은 결행일이 다가오더라도 일상으로
돌아오는 모습을 보인다.

   거짓 예정일은 첫째, 예정일을 정함으로써 더 알차게 살기 위해
서. 둘째, 그전까지 어떠한 조건이 만족하지 않으면 죽음을 생각하
기 위해서. 셋째, 같은 우울계 등에서 활동하면서 사람들고 소통
및 관심받기 위해서다. 자살 예정일을 정한 사람의 진위와 거짓을
구분하면 이렇다.

진위	거짓
• 나 이날에 죽어 • 마음이 편해 • 정말 내가 죽는구나 • 이제 이틀 남았네 • 오늘이네 • 슬프다	• 나 이날에 죽어 • 나 죽어 잘 있어 얘들아 • 아 밥 먹어야지 • 밖에 나갔다가 왔는데 덥네 • 오늘이 예정일이네 • 오늘 죽을까?

   자살 예정일을 정한 사람은 즉시 신고 대상이 될 수 없고, 예정
일까지 보이는 모습과 현상 감정에 따른 글을 통해서 결행자인가
를 최종 확정한다. 만일에 자살 예정일만 정한 사람을 신고하면 그

것은 자살 할 사람을 신고한 것이 아니라, 자살 생각에 그친 사람을 신고한 것에 불과하다.

호기심으로 주방 세제를 컵에 담아서 마셔 버렸다. 배가 아프다 뱉진 않았다 먹고 생각해 보니 너무 많이 마신 것 같다. 설마 죽을까?(!C-240)

자살하기 위한 섭취가 아닌, 자살 생각 및 호기심으로 락스 및 주방 세제 등의 것을 섭취할 때가 있다. 이때는 연령이 어리다고 판단이 되면 일단은 생명이 위태로울 수 있으므로 신고 대상이다.

위로와 설득은 들을 생각 없다. 죽는 방법이랑 얼마나 고통스럽고 실패할 확률 알려 달라.(@C-241)

암시 글을 보인 사람 중에서, 자살 준비 및 방법을 알아 가는 중에 계정 친구들에게 또는 이를 다른 커뮤니티에서 질문 하는 글이 확인된다. 이때 '자신의 암시 글에 불필요한 말을 할까 봐' 미리 "위로는 하지 마."라는 등의 글이 적혀 있을 때가 있다. 즉 살기 위한 글을 적지 말라는 것이다.

아래 첫 번째 암시자는 내가 자살할 정도로 너무 힘드니 위로를 해 달라 하고(위로를 통해서 죽을 마음을 달래기 위함).

나 너무 죽고 싶어, 미치겠어. 이대로 있다가 죽을 것 같아, 어디에
도 말할 수도 없고, 누군가 나 좀 죽지 말라고 해 줘, 나 살고 싶어.

두 번째 암시자는 죽을 마음을 확고히 하면서 사람들에게 마지
막 위로의 말을 듣고 싶어 할 때가 있다(누군가 나에게 던지는 위로 한
마디로써 기쁜 마음에서 죽기 위함).

나는 이제 죽을 거야, 마지막으로 나에게 한마디씩 해 줘, 아무 말
이든 간에, 그 글을 마지막으로 듣고 떠날 거야.

여기에서 신고 대상은 첫 번째 암시자가 아니라, 두 번째 암시자
다. 왜냐면 첫 번째의 경우는 위로를 통해서 살고 싶은 마음이 있어
서다. 만일에 첫 번째 암시자가 자살 준비를 한 행동 등이 엿보이면
잠시 죽음이 두려워서 위로를 받고 싶은 것일 때 신고 대상이다.

공부도 못하고 맨날 속으로 운다. 요즘따라 죽고 싶다는 생각 밖
에 안든다. 안 아프게 가는 방법은 무엇이 있을까. 너무 살기 싫
다.(#C-242)

죽으면 눈을 감을 텐데 휴대폰 잠금을 풀 수도 없고, 내가 죽은
지도 모르고 그냥 갑자기 연락 끊고 잠수 타 버린 친구가 되는 건
가?($C-243)

그동안 힘들었고 이제는 버티지 못하겠다. 옥상에도 올라가 보고 손목도 그어 보려고 했는데 내가 여기서 죽으면 사람들이 치우기 힘들까 봐 못 죽었는데 이제는 살기 싫다. 내신, 수행평가 이야기만 들어도 숨이 턱턱 막히고 내 모습이 한심하다. 집에 오면 우울하고 죽지 못해서 후회한다. 그만하고 싶다. 진짜.(@C-244)

엄마가 자해를 막으면 자살을 할 수 밖에, 줄에 매달아서 하거나 뛰어내리거나 연탄으로 죽거나.(사진: 바닥이 피로 물들어 있음.) (!C-245)

우울증으로 상담을 받았다. 원하지 않는 상담이어서 괜찮다고 말했다. 그 이후 혼자서 노력을 많이 했는데 바뀌는 건 없다. 정신과에 가고 싶어도 부모님께 상처를 드리기 싫다. 더 이상 고통 받기 싫다. 그래서 생을 마감하려고 한다.(@C-246)

너무 힘들어서 죽고 싶다는 생각이 든다. 즐겁지도 않고 남들 앞에서 밝은 척하고 혼자 힘들어서 울고 집에서 번개탄을 피울까 생각한다. 더 이상 살고 싶지도 않다.(#C-247)

죽음이 무섭다. 단기간에 죽을 건데 멘탈을 어떻게 키우지.($C-248)

죽지 않아서는 안될 것 같다. 내 반려동물이 불쌍해, 내가 죽으면

어떻게 될까.($C-249)

공부에 최선을 다했다. 이상하게도 우울해진다. 학교와 집에서도 잠자면서 몰래 운다. 목매려다가 실패도 하고 부모님께 죄송하다. 내일 진짜 결정한다. 이제 살 용기도 없다. 내일은 웃으면서 학교 나가고 싶다. 마지막일 테니까.(@C-250)

사람들이 공감하는 척 도와주려는 척 그뿐이다. 죽는 것보단 사실 행복해지고 싶은데 안 되니까 죽으려고 한다. 내 손에 졸피뎀 30알이 있는데 먹고 칼로 찌르든 아님 뛰어내리려한다.(#C-251)

부모님은 모르는데 몸이 아프다. 죽는 법을 찾고 있다. 죽는다면 편하게 죽고 싶다. 이젠 미련도 없고 다 정리해 둔 상태다. 소중한 물건들은 다 나눠졌다. 이제 조용히 사라지고 싶다.(!C-252)

옥상이다.(사진: 고층에서 흐릿하게 찍은 지층 모습들.) 고마웠다.(!C-253)

죽으면 증명사진을 영정 사진으로 사용하나.(@C-254)

THE END 오늘은 완벽해 안녕, 진심 아닌 게 보이는데 아무도 관심 주지 마 그냥 조용히 갈라니까, 너무 지겨워 난 갈 거야 거기로 가

면 내가 그리워하는 사람 만날 수 있어, 노래 끝나 간다.(사진: 손바닥에 줄이 있음.) (#C-255)

학교에서 자살하면 학교는 어떻게 되고 담임 선생님은 어떻게 되나요.(#C-256)

부모님이 화를 내는 게 내가 눈물이 나는 원인 같다. 내가 어떤 분야로 나가려고 하면 최소한 알아보거나 이해라도 해야지 인서울이나 가라고 화만 내고, 다 내 잘못이고 내가 죽으면 끝날 것 같다. 내가 죽으면 이런 소리를 들을 일도 없고, 부모님 돈을 축내지 않아도 된다. 동생이 나보다 더 미래가 있으니까, 부모님은 내가 이런 생각 하는지 상상도 못 하겠지, 자식이 부모보다 먼저 죽는 건 불효다. 자녀 장례식은 분위기가 처참하다. 내 사망 보험금은 들어 놓으셨는지 아무것도 없이 죽는 것보단 보험금이라도 안겨 드려야겠다.(#C-257)

공부로 스트레스가 심하다. 친구들 사이에서 원래 밝았는데 요즘 집에 오니깐 힘 빠지고 너무 슬프다. 친구들은 힘든 것은 부모님이랑 같이 이야기하고 한다는데, 너무 힘들다. 요즘 정말 살기가 싫다. 요즘 정말 너무나도 죽고 싶다.(!C-258)

너무 살기 힘들어서 자살 시도를 했다. 감기약을 대량으로 복용했다. 방금도 자살 시도 했다. 장기 손상이 많이 되어 어지럽다. 죽을

수 있겠지.(#C-259)

쌀쌀한 새벽 6시쯤에 죽으려고 하는데 그때까지 기다리기 힘들다. 그보다 빨리 죽고 싶은데 언제가 좋을까, 그냥 이번 장마 오면 그때가 좋을까, 비 올 때도 괜찮을 것 같다.($C-260)

사후에 장기 기증을 하고 싶다. 물에 빠져 죽어도 기증을 할 수 있을까. 내 장점이 눈이 좋은 거라 누군가에게 마지막으로 도움이 되고 싶다.(#C-261)

6층 아파트에서 떨어지면 즉사할까? 고통은 있겠지?[104] ($C-262)

죽으면 폰 검사 할까? 기록 삭제하는 방법 좀 알려 줘요.($C-263)

사는 게 못 버틸 만큼 힘들다. 저번에 한강 가서 투신하려고 했는데 실패했다. 수면제 한 달 치를 모아 두었는데 죽을 수 있을까.($C-264)

삶이 무의미하다. 이젠 그만 다 내려놓고 싶다. 차 안에서 번개

---

104) 층수를 정하면서 투신에 대한 고통 정도를 묻는 것은, 투신할 장소를 미리 알아봐 둔 상태이며 예행연습까지 마친 상태이므로, 자신의 생각을 글로 적은 것은 투신의 위험성이 현저하다.

탄만 피우고 가려고 하는데 불 안나게 하려면 어떤 방법이 안전할까.[105] ($C-265)

부모님이 보내는 학원 불만은 있었는데 잘 다녔다. 그냥 매일 죽고 싶다는 생각을 한다. 진심으로 살기 싫다. 매일 새벽에 운다. 하고 싶은 것을 해도 기쁘지도 않고 행복하다는 생각도 안 든다. 인생 마감하고 싶다. 맨날 한강에서 투신 생각만 하는데 어떻게 해야 죽을 수 있을까.(#C-266)

내가 아무 소식 없으면 죽은 거다.(사진: 방에서 찍은 것으로 보이는 의자.) ($C-267)

약 60알 정도에 다른 약 30알이랑 같이 먹으면 죽을 수 있을까. 약 용량은 100㎎이다.($C-268)

약 100개 모으고 한 번에 먹어야겠다. 이제 나 만날 사람 몇 없어, 제대로 된 시도를 하려고 해, 내일 상점도가고 약국도 가야지, 수많은 약을 집어삼키고 수많은 선을 팔에 옮겨야지, 유서 생각하니까 또 눈물 나오네, 그만큼 더 힘들다는 뜻이겠지, 미리 작별 인사라도 해

---

105) 차 안에서 번개탄 피우려는데 화재를 걱정하고 있었다. 이를 추정해 볼 때, 청소년이 부모의 차량 안에서 결행하는 것이 예상되었다. 성인은 탄 결행 시에 화덕 등을 통해서 밀폐된 공간에서 자살이 성공할지를 걱정하는 경우가 많고, 이러한 화재 걱정은 타인의 차량을 죽기 위한 공간으로만 활용하기 위한 것으로 추정되었다.

야 되나, 죽을 땐 계정 닫고 죽어야지. 그냥 남한테 피해 안 주고 조

용히 떠나야지.($C-269)

SNS 계정에 마지막 유서 등을 작성하고 떠나기도 하지만, 주변 정리를 통해 계정 자체를 탈퇴시킬 때도 있다. 당연히 탈퇴하면 그동안 적은 글들이 발견되기 어렵다(흔적들이 삭제되었기 때문이다). 그런데 탈퇴 즉후에는 흔적들이 드러날 때가 있는데, 사실 위 암시 글은 계정을 탈퇴한 지 불과 약 1분여 만에 발견되어서 신고했다.

스카프로 목 세게 매고 잠들면 죽을 수 있을까, 만약 죽지 않는다

면 몇 시간 뒤에 어떻게 될까.(@C-270)

산책하면 정말 이유 없이 죽어 보고 싶다. 아파트 보면 떨어지는

상상을 맨날 한다. 옛날에 욱해서 자살 시도를 했는데 요즘은 정말

아무 없이.($C-271)

한번 자살을 시도한 사람은, 갑자기 그날을 기억할 때가 있다. 그것은 그만큼 당시 힘들었던 만큼의 상황이 왔기 때문이다. 이것은 죽음의 희열이 어느 정도로 영향을 미쳤는가에 따라 재시도의 위험 정도를 판단할 수 있다.

그래서 자살자를 구조 이후 상담할 때 희열의 점수를 매기면서 재발 방지도 논해야 한다. 이미 앞 장에서 죽음의 희열을 잠시 언급했

듯이 자살하려고 했던 방법과 실패한 이유까지도 알아야 한다.

투신 예정자로 경찰에 신고되었다고 해 보자. 그렇다면 그 투신 예정자를 구조한 걸로 끝내서는 안 되며, 당시 투신의 희열정도의 점수를 매기면서 자살 재발 위험성이 있는가도 확인해야 한다. 만일에 한 발만 더 앞으로 내밀면 죽었을 것이라면 그 희열은 극도로 높은 상태이므로, 언제든지 재시도할 가능성이 높다. 이때에는 희열감이 사라지도록 안내해 주는 것이 필요하다.

예를 들어, 대교에 지나가는 사람이 많았는데 그곳에서 투신하려고 난간에 두 손을 올렸다고 해 보자. 이때 희열로 보면, 발만 떼면 투신에 성공하므로 최고의 희열점수다. 그런데 자살할 마음에서 결행할 자는 죽음에 실패하지 않으려고 한다. 그래서 사람이 없는 틈을 타서 결행하지, 사람 많은 곳에서 투신에 성공하기를 바라는 사람은 그렇게 많지는 않을 것이다. 그래서 희열은 당시 그 자리에서 자살할 환경 조건이 되었는지도 확인해야 한다.

SNS 및 인터넷의 자살 암시에 따른 희열은 글의 해석과 그 사람이 쓰는 글의 패턴에서 희열점수를 매긴다. 이것은 결행 일까지 약 1주일 이내에서 어느 정도로 남아 있는가에 따라 다른데, 청소년은 결행일이 특별한 날일 때가 많아 2, 3주 이후의 결행을 암시하기도 하므로 이러한 희열을 구분할 때에는 하나의 조건이 있다.

'죽을 것인가'다. 즉, 그날이 자살 예정일이 아닌 자살일이어야 한다. 그렇다면 그 희열은 점차 시간이 다가올수록 높아진다.

범죄 피해로 자살하고 싶다. 가해자의 친구들이 전화해서 왜 고소까지 가려고 하느냐고 한다. 솔직히 부모님한테도 말하기 두렵다. 내가 죽으면 그제야 내가 얼마나 힘들었을지 내 학교 친구들과 가해자의 친구들이 알아줄까. 너무 간절히 죽고 싶다.(@C-272)

다들 공부 공부 하는데 앞으로 살아갈 용기도 없고 너무 힘들다. 옥상 문은 잠겨 있다. 한강은 너무 멀고 다른 분들에게 피해 끼치지 않고 죽으려고 한다.(#C-273)

내가 오늘 죽을 것 같아. 내 강아지 불쌍해서 어떻게 하지, 안 그럼 같이 죽을 수도.(!C-274)

우울증을 앓고 있는 사람이 우울함을 덜기 위해서 강아지나 고양이를 키운다. 그런데 동물의 생명이 길지 않고 또한 질환 및 사고사로 죽을 수 있다.

이때 같이 키우고 있는 동물의 죽음에 더 우울감을 보일 수 있다. 이것은 우울증이 없더라도 마찬가지다. 키우던 동물이 죽으면 그를 사랑한 사람은 슬퍼한다.

그래서 동물이 죽으려고 할 때 자녀가 집에 없으면 다른 비슷한 동물을 집으로 데려오면서 생존해 있음을 알려 주는 것이 필요하지 않을까 한다. 만일에 죽음을 직접 목격했으면 장례를 치르고 나서 마지막으로 사진만 보여 주면서 서서히 잊도록 한다. 왜냐면,

동물을 키우다가 그의 죽음에 더 우울해질 수 있기 때문이다. 심지어 암시 글에 "누구를 따라서 죽는다."라고 하는데, 그것이 사람인지 동물인지를 구분하기 어려울 때도 있다. 그만큼 우울증으로 치료 중인 사람은 키우던 동물에서도 영향을 받을 수 있다.

사실 동물을 키울 때는 치료에 도움이 되는 것 같지만, 키우던 동물의 갑작스러운 죽음에서 우울증이 악화될 수 있음도 생각해 봐야 한다.

> 학교에 있으면 불안해서 손이 떨린다. 내가 죽고 싶다고 하면 담임은 너만 힘든 거 아니라고, 내가 죽으면 담임이 나한테 한 말을 후회할까.(!C-275)

> 친구를 속상하게 했다. 너무 미안하다. 내가 왜 그랬는지, 매일 죄책감이 든다. 차라리 내가 죽으면 다 해결되지 않을까 한다. 부모님 미안합니다.(!C-276)

> 학폭 가해자가 투신하면 챙피할까요. 투신자살하다 실패하면 그것도 문제겠지.($C-277)

> 오늘 자살하려고 합니다. 빌라 옥상에서 떨어질 생각인데 높이가 6층 정도인데 이정도 높이에서 떨어지면 죽겠죠.($C-278)

계정주는 자살했습니다. 신경이 끊어져서 손가락 못 쓰네 곧 자살할 예정이다.(사진: 팔에 칼로 벤 흉터로, 꿰맨 자국이 여러 군데 있음.) ($C-279)

나는 맨날 울고 맨날 죽고 싶은데 하루 종일 방 안에 틀어박혀 정말 게임 하는데, 너넨 다 그냥 너무 좋아 보인다. 죽어야겠지? 죽을까 봐요 정말.(사진: 보고 싶을 거야 곧 보러 갈게.) (#C-280)

우울하고 살기 싫다. 내가 사는 이유가 뭔지 모르겠다. 사실 자살 시도도 여러 번 해 봤는데 다 실패다. 솔직히 살고 싶은데 어차피 죽는 거 빨리 죽어도 상관없을 것 같다. 내가 없어지면 부모님이 행복하겠지.(@C-281)

너희들에게 죽음으로 용서받으려고 해. 유서. 나도 죽음 앞에선 무섭지만 용기를 내 볼게 내가 가고 싶었던 곳에 갈게 미안해. 끝이다 나를 괴롭히지 않는 곳에서 아픔도 못 느끼는 곳에서 깊은 잠에 들어야겠다.(#C-282)

나 최근에 자살 시도 했는데….(#C-283)

내가 죽게 되면 부고 문자는 누구누구에게 갈까, 모님이 정신 없으실 텐데 친구들에게 문자를 제대로 보낼 수 있을까. 죽기 전에 유서에 누구누구에게 보내 달라고 정리해야 할까.(#C-284)

힘들어서 끝내기 전에 말할 사람도 없다. 많은 시도를 해 왔지만 두려워서 못 했다. 이제 마음을 굳혔다. 지금 와서 생각해 보니 나쁘지 않은 인생이었다.($C-285)

결행할 사람이 두려움이 있다? 그런데 이 두려움은 두 가지 경우다. 죽음이 무서운 건지(결행하기까지의 아픔), 아니면 현실이 무서운 건지(죽음을 선택하는 두려움) 말이다. 글쓴이는 후자로 현실에 대한 무서움이다. 성인인 경우 '결행 의지가 약한 것'이라고 볼 수 있다. 그런데 청소년은 전혀 아니다. "나도 사실은 살고 싶었어…." 이 말을 깊게 생각해 보면 청소년이 자살 순환 과정을 거치면서 어떠한 죽음을 맞이하고 있는지 알 것이다.

공부를 해도 안된다. 삶이 너무 힘들고 살고 싶은 의지가 사라져 간다. 어디서 죽을지 생각을 했다. 내 장례식에 와서 울고 있을 가족들 생각하면 못 죽겠고, 그냥 살고 싶지 않다.(@C-286)

학생이 자살하면 담임 선생님은 반에 어떤 식으로 알릴까.($C-287)

학교에서 투신하면 트라우마 생길 거고, 아파트도 민폐라는데 어디 높은 곳에서 떨어져야만 사람들한테 피해가 없을까.(@C-288)

과거 투신할 장소만 찾아서 결행한 것과 달리, 자신의 투신으로 타인에게 피해를 주지 않으려고 고민하는 것을 많이 본다. 그러면서 어떤 청소년은 투신하면 우리 집값 떨어지냐, 부모님이 사람들에게 손해 배상을 해 줘야 하냐, 나 죽었다고 국가에 벌금 내냐면서, 다양한 궁금증을 풀기 위해서 SNS 내 비공개 그룹 방 및 커뮤니티에서 활동을 할 때가 있다.

긴 잠을 자는 거야.(사진: 죽어서도 난, 미안해 다들.) 부족해 보여서 추
가.(사진: 불상, 알약 60개 정도.) (#C-289)

약물자해자에게서 보이는 경향이, 상당히 많은 약을 준비한다는 것이고, 집에 있는 것이나 약국에서 구할 수 있는 것들을 한 번에 모아 놓는다. 그러다가 끝내 약물을 과다 복용하면서 결행을 암시하는 것이 약물자해자들에게서 볼 수 있는 모습이다. 약의 종류와 양에 따라 다를 수 있으나 처음에는 치사량이 되지 않더라도 내성이 생겨 처음에 열 알을 먹던 것이 스무 알, 서른 알, 백 알이 된다. 일반 시중에서 구하는 약을 과다 복용하는 경우가 있는데 그것은 지금으로 그치지 않고, 점차 그 복용량이 많아지고 있으므로 이를 쉽게 볼 것은 아니다. 그래서 청소년이 약물자해를 한 경우 조기에 끊을 수 있도록 치료 등을 통해서 도움을 줘야 한다. 이것은 정신과적 치료를 받더라도 마찬가지다. 한번 약물자해 하면 쉽게 끊지 못해서 한 번에 모아서 먹을 수 있다. 그래서 수시로 약을 모으고 있는지를 주의 깊게 지켜봐야 한다.

오랜 시간 동안 고민했다. 주변에 내 편이 없다는 걸 깨달았다. 하고 싶은 일도 많고 재밌게 살다 가려고 했는데 아니었다. 오늘 마무리하려고 한다.(#C-290)

자살은 자살 순환을 거치는 것과, 충동적 자살이 있다. 오랜 시간 동안 자살할지를 고민한 사람은 순차적인 자살 순환을 거치는 경우가 많으며, 자살 충동자는 순간적인 충동으로 자살에 실패할 가능성이 높을 수 있는데, 자살 순환자는 죽음을 맞이하는 과정에서 일부 마음의 평온을 찾게 되면서 결행에 성공할 가능성이 높다. 이렇듯 자살 순환자와 자살 충동자를 구분하는 것은 생사를 결정짓는 가장 중요한 부분이다.

여친이 학교를 싫어한다. 나도 우울증이 있다. 여친이 자살하면 어떻게 하지 하는생각만 든다. 같이 죽는 게 편하긴 한데 여친과 더 시간을 보내고 싶다.(#C-291)

남녀 모두 우울증이 있는 경우이거나, 그 증세를 보일 때에는 동반할 가능성을 배제할 수 없다. 묻지마 동반인, 각 지역을 불문하고 SNS 및 인터넷을 통해서 만나는 사람들은 서로 죽을 마음만 확고하면 결행한다. 그런데 가족 동반은 한쪽이 우울증이 있거나 어떠한 위기에 몰려 있으면 그를 위해서 같이 동반할 환경이 만들어진다. 이러한 점에서 가족 동반을 막기 위해서는 위기 집안의 상

시 모니터링을 구비하고, 자살 예방 교육 시 부모가 가족 동반을
제의할 때 어떻게 대응해야 하는지도 함께 교육할 필요가 있어 보
인다.

> 커터 칼 다시 사야 하나. 자해하기에 학교에서 눈치 보고 상담
> 받는 것도 지쳤다. 그냥 이대로 생을 끝내든지 하려고 너무 힘들
> 다.(@C-292)

자해자 중 상당수는, 결말은 자살을 암시하는 경우가 많다. 이렇
듯 자해를 쉽게 볼 이유는 없는 것이다. 그래서 처음 자해를 발견
했을 때 어떻게 할지를 신중히 생각해야 한다. 학생은 고통이 커
서, 또는 죽을지를 생각하다가 자해하는 만큼 이것이 죽음의 첫
발걸음이라는 것을 잘 알고 있다. 그런데 이를 끊지 못하는 것은
고통이 줄어들지 않기 때문이고, 또한 이를 주위에서 알아차리지
못하기 때문이다. 부모마저 자해를 쉽게 보는 경향이 있는데 그것
은 절대 잘못된 생각이다.

> 커튼 줄에 목매달고 거의 성공할 때 줄이 빠져서 실패했다. 한번
> 실패한 경험이 있어서 자살이 쉽지가 않다.(@C-293)

자살을 시도한 사람은 죽음의 희열감에 따라 재시도 가능성을
고려해 볼 수 있다. 죽음의 희열감이 극도로 높은 상태에서는 다

시 시도할 가능성이 높은데, 이때 같은 방법을 선택하기보다는 다른 방법을 선택하는 경향을 보인다. 이유는, 다시 실패할 가능성이 염려되기 때문이다. 이렇듯 A의 방법으로 자살 시도를 한 사람이라면 반드시 다른 B의 자살 방법을 선택할 수 있는 점에서 주의 깊은 관찰이 필요하다. 자살 재시도자에게는 '죽음의 희열의 점수가 몇 점인가'에 따라 관리 정도가 다르다.

> 내가 자살하면 언니가 올까. 왔으면 좋겠다. 아무 소식 전할 수가 없는데 부고라도 전해야지.(#C-294)

자살 후 부고 문자를 보낸다. 이때 암시자는 자신의 휴대폰 번호에 저장된 사람들에게 일제히 문자가 갈 것이라고 생각한다. 그럼으로써 보고 싶은 사람을 자신의 장례식에서 마주하기를 바라는 마음에서 암시자 사이에서는 부고 문자에 관심이 높다. 이것은 청소년들에게서 유독 많이 보이는 현상이다(왜냐면, 자살 동기가 가족 때문이라면 친구에게도 자신의 죽음을 알리기 위해서 등이다). 이렇듯 '학생이 부고 문자와 관련해서 적은 글이 발견 시, 그것이 자신의 죽음을 준비하기 위한 메시지가 아닌가를 의심해 봐야 한다. 이때 부고 문자에 대해 단순히 궁금해하는 정도라면 신고 대상에서 제외되지만, 부고 문자가 꼭 누군가에게 도달해서 그 사람이 자신의 장례에 와 주었으면 하는 글이 보일 때는 결행 예정자다.

부모가 어릴 때부터 폭행했다. 목표가 있었는데 이젠 다 포기하고 싶다. 이번 연도 끝나기 전에 죽을 것 같다. 내가 죽으면 이게 조금이라도 죽음의 이유가 되어 주겠지.(#C-295)

친구에게 미안하다. 자고 일어나니 죽어 있으면 좋겠고 원래 내가 없던 것처럼 사라지면 좋겠다. 부모님께는 죄송하다. 자살 시도를 아주 많이 했다. 뛰어내리려 하거나 칼로 머리를 베려 하거나 목에 죽을 묶어 질식하려고 했다. 미안해.(!C-296)

정신과 가야 해요. 그런데 저는 자살할 일자를 정해 놔서 그 전까지 버틸 거예요.(@C-297)

우울증 치료가 처음이면 정신과 치료에 기대감을 보인다. 그만큼 힘듦이 덜어질 것이라는 기대에서다. 그런데 치료 중인 사람은 치료 중에 결행일을 정할 때도 있다. 치료의 호전이 보이지 않거나, 입원해도 퇴원 이후 같을 거라는 불안감과, 다른 친구들과 비교되는 것 때문이다.

오늘 인생을 끝낸다. 다들 감사했다.(사진: 글씨가 적혀 있음, 죽음이 다 왔는데도 아무런 생각이 없다. 다들 잘 살고 힘들어하지 마. 사랑해. 우리 다음 인생에도 보자.) (@C-298

진심으로 사는 게 힘들다. 나중에 행복할 거라는 확신도 없고 더할 자신도 없다. 그래서 그냥 조용히 죽고 싶다. 이기적인 건 아는데 그냥 죽을 수 있는 방법 몇 개만 알려 주면 안 될까.(@C-299)

자살 충동이 든다. 어제 죽으려고 유서 썼는데 용기가 없어서 못죽었다. 집이 15층이라 새벽쯤 창문 열고 뛰어서 머리로 떨어지면 죽을 수 있을 텐데 남은 가족이 걱정이다. 장례 치를 비용. 죽으면서까지 피해만 주는 것 같다.($C-300)

힘들다.(사진: 팔목에 자해해서 팔과 바닥에 피가 보임.)이젠 죽고 싶다. 밝은 척해도 다 떠나서 못 버티겠어. 죽고 싶은데 안 아프게 죽는 법 있을까.(#C-301)

그냥 왜 사는지 모르겠다. 감사했다.($C-302)

내가 떠나면 우리 가족이 화목해질 것 같다. 자살을 하고 싶다. 삶이 정말 힘들다. 샤워하면서 울고 잠자기 전에 울고 칼로 자살하면 어떤 느낌일까.(!C-303)

부모님과 충돌한다. 과거에는 울기라도 해서 내 자신을 달래 보았지만 지금은 울고 싶어도 눈물이 나오지 않는다. 유서도 쓰고 자살하려고 옥상까지 가 봤는데 내려왔다. 어떻게 하지.(@C-304)

힘들었다. 눈물도 나고, 죽으면 주위 사람들이 슬퍼하겠구나 라는 생각에 나도 슬퍼져서 생각을 멈췄는데 지금은 체념했다. 나 한 명 죽는다고 해도 슬퍼할 사람이 없거든. 가족에게는 죄송하다.(#C-305)

사춘기 때문에 그럴 수 있지만 힘들다. 아파트 옥상에서 뛰어내리는 상상도 했다. 외로웠다고 편지를 남기고 가는 생각도 했다.(@C-306)

유학을 반대한다. 자살을 하려고 결심했지만 칼을 보니 찌르면 얼마나 아프고 허무할지, 그냥 고통없이 자살하는 방법 있을까, 이제 다 포기했다.(!C-307)

오늘 죽을려고요.(#C-308)

나는 쓸모없는 인간이라 그만 살고 싶다. 당장이라도 죽을 용기가 있다. 이미 유서 쓰고 있다.(@C-309)

오늘 새벽에 뛰어내리려고 했는데 비가 오고 있네, 글 안 올리면 죽은 걸로 알아요. 다들 꼭 행복하세요. 오늘도 양치하다가 1분 동안 죽을까 말까 고민 진지하게 하고 의자에 앉았는데 금방이라도 죽을 것 같아서 미리 글 써 봐요. 다들 꼭 행복하길.(#C-310)

난 내일 죽으려고 하는데 내일 수면제 먹고 죽으려고요. 정말 잘 살아 보려고 했는데 너무 힘들어요.(@C-311)

내가 죽으면 모든 사람들이 편해지겠지, 내가 죽으면 슬퍼할 사람들이 있을 거라고 생각했으니까, 점점 시간이 지날수록 죽는 게 좋을까 한다. 내가 죽어야 한다고 생각한 이유를 공책에 적어 보았다. 내가 죽어야 하는 이유[106] 1. 말을 잘 안 들어서 폐를 끼친다. 2. 부모님을 계속 화나게 해서 힘들게 한다. 3. 부모님을 짜증 나게 한다. 4. 약을 제대로 안 먹어서 부모님의 신경을 거슬리게 한다. 5. 아파서 돈이 많이 나가게 한다. 6. 병원에 가야 해서 교통비가 많이 든다. 7. 만약 대학에 들어가면 돈을 많이 내야 해서 부모님을 부담스럽게 한다. 8. 공부를 잘 못한다. 9. 어차피 나 하나 사라져도 괜찮을 거다. 10. 밥만 많이 먹고 물도 많이 쓴다. 11. 내가 사라지는 게 모두에게 편안하다. 12. 안경을 맞춰야 하는데 돈이 든다. 13. 잘 울어서 눈치 보이게 만든다. 14. 휴지를 너무 많이 쓴다. 지금도 계속 눈물 나와, 왜 슬프지, 휴지 너무 많이 쓰면 안 되는데, 끝까지 폐 끼치네, 내가 죽어도 슬퍼했으면 좋겠다. 자살하면 염라대왕님한테 끌려가서 지옥에 간다고 그랬는데, 염라대왕님 안 무서웠으면 좋겠다. 이제 별로 눈물이 안 나온다. 이제 받아들이기로 해서….(#C-312)

---

106) 청소년의 순수함을 머릿속에 그리면서 읽어 보자. 이번 암시 사례는 청소년의 자살의 순수성이 엿보이는 부분들이다.

자신의 죽음으로 누군가 슬퍼할 거라 마음이 아픈 사람도 있고, 오히려 자신의 죽음을 받아들이면서 좋아하는 사람이 있다. 전자는 그동안 살아오면서 가족 등에게 행복함을 느낀 사람들이고, 후자는 외롭게 살아오면서 혼자만의 생활을 한 사람들에게 보인다. 나를 생각하면서 슬퍼해 주는 사람이 있다는 것은 마지막 떠나기 전은 행복하다는 것을 가리키는 내용으로 보인다. 이런 의미에서 자살은 불행한 사람이든 행복한 사람이든 간에 소리 없이 찾아오는 죽음이다.

나는 2021년 8월 21일에 자살할 거예요.(@C-313)

요즘 너무 죽고 싶다는 생각이 많이 든다. 잘하는 것도 없고 내가 없어져도 부모님이 슬퍼하지 않을 것 같다. 칼도 몸에 대 봤고 베란다에 몸도 던져 봤다. 만약 내가 사라져도 잊지 말아 주세요.(@C-314)

투신이 좋으려나.(사진: 손목을 칼로 그어서 바닥에 피가 흥건하다.) (#C-315)

5시쯤 자살할 건데 어떻게 몸을 던져야 멋있을까.($C-316)

또다시 두려워진다. 점점 죽어 가는 게 다시 느껴진다. 오늘 죽으려고요. 살아갈 의미가 없는 세상에 남아 대체 무엇을 해야 할까요? 서서히 멀어지는 모든 것이 이젠 미련 없게만 느껴져요. 약을 먹어도 자해를 해도 해결되는 건 없고, 해결된다고 해서 앞길이 보이지 않아요. 이 정도면 충분합니다.(#C-317)

먼지가 돼 버리고 싶어. 이제 아무것도 못 해.(사진: 고층에서 밑으로 향해서 발이 보임.) 힘들어.(사진: 손목을 칼로 그어서 피가 흥건한 상태에서 바닥에 누움.) (#C-318)

난 살아 있을 가치가 없어, 난 내가 없었으면 좋겠어, 사라지고 싶다. 내일 죽는데.(#C-319)

우울증이 심하다. 친구들한테는 안 들키려고 웃고 있다. 이제 그만 살고 싶다. 매일 운다. 그냥 포기할까.(@C-320)

상담사가 시간이 약이라고 한다. 진심으로 이야기하면 걱정해 주고 들어 줄 거라고 생각했는데. 그리고 약물 도움받는 것도 답이란다. 버티다 안 될 거 같아서 상담하려고 전화한 건데 위로 한마디가 아닌 그냥 저도 잘 아는 내 상황에 대한 해답만 제시할 거라곤 생각지도 못했다. 덕분에 더 삶에 대한 미련이 없어졌고 예정대로 날짜 되면 가렵니다. 여러분은 행복하게 잘 사셨으면 좋겠어요. 행복하세요.($C-321)

다 싫어 그냥 혼자서 쓸쓸히 죽을래, 그만하자 내가 죽으면 되는 거지 이제 행복하지 않을 것 같아, 다들 나중에 웃으면서 봐요 저는 먼저 갈게요.(#C-322)

집에 번개탄 피워 놓고 10분 지나면 죽나요.($C-323)

공부로 부모와의 갈등이 있다. 나는 목표가 없다. 아무 생각 없이 살아요 하루 종일 우울해요. 이렇게 살 거면 그냥 죽는 게 나을 것 같다. 눈물만 나고요. 감정 기복도 너무 심해서 그냥 미쳐 버릴 것 같다. 미래도 꿈도 없는데 그냥 자살해 버리고 싶다.(#C-324)

미안해 미안해, 이 정도면 안 많지? 괜찮지?(사진: 컴퓨터 키보드 앞에 놓인 150알 이상의 약.)

정신과 치료를 받고 있는 사람은 약을 한 번에 모아 놓는 경우를 종종 본다. 약의 양은 처음에는 20알 정도로 시작해서 50알, 100알, 150알… 그 개수가 갈수록 늘어난다. 상당히 많은 약을 섭취 시 생명이 위태로운 것은 불 보듯 뻔한 일이라서 약의 개수가 많으면 마지막이 암시 글인지를 구분할 것없이 구조 대상이다. 이것은 사람마다 암시를 통해서 결행을 예고하기도 하고, 암시 없이 조용히 결행할 때가 있어서다.

내가 왜 사는지 모르겠어, 죽고 싶어 그것도 아주 많이, 오늘로 모든 게 끝나길 바라, 오늘은 확실하게 죽으려고요. 만약 병원에 간다 그래도 병원에 도착하기 전에 이미 죽어 있으면 좋겠네요.(!C-326)

동반 자살 결성 중.(3명 참여: 전 강 목매려고 하는데.) (#C-327)

동반 자살 하려고 모인 사람들 중에 청소년이 끼어 있으면, 그의 자살의 진위 여부를 확인 후, 청소년부터 구조하고 나머지는 동반 해체하도록 한다. 즉 동반 자살이라고 해서 모든 대상자를 신고하는 것이 아니다. 왜냐면 나머지 사람들까지 신고하면 그것은 자살예방법 관련해서 자살 모집자를 신고한 것이 되기 때문이다. 특별한 경우가 아닌 이상[107] 자살 모집자를 따로 신고하지 않고, 그중에서 유력 결행자(재료 준비 중인 사람, 연령이 어리면서 결행 의지 뚜렷한 사람)만을 선별해서 신고하고 있다.

적어도 자살을 해야 내가 진짜 힘들었구나 안타깝네라고 말해 주지 않을까, 죽고서도 불행할까, 다들 안녕.(사진: 매듭지은 목줄.) (@C-328)

---

107) 어떤 지역에서 같이 동반 하자며, 전국에 있는 사람들을 자신이 살고 있는 곳으로 오라고 해 놓고, 마지막 만찬만 즐기는 것을 상습적으로 하는 사람이 있다. 이때에는 그 모집자를 처벌하면서 다른 자살 위험자를 보호해야 한다.

이번 주 일요일에 갈 거야, 그 후 일요일에.(사진: 100알 이상 정도의 약이 손바닥에 있음.) (#C-329)

죽기 전까지, 오늘은 효과가 있기를 바란다(사진: 50알 정도 약이 손바닥에 있음), 19일 치 다 뜯었는데 다 먹었더니 머리가 돌아, 정신 못 차리겠다. 내일 눈 떴을 때 익숙한 곳만은 아니길 바란다.(@C-330)

나는 쓸모없는 사람이라서 그냥 자살하고 싶다.(@C-331)

너무 적어서 이따 더 사 먹을 거(사진: 바닥에 물담긴 컵이랑 약30알 이상 정도), 지금 먹고 학원 가고 있다[108].(!C-332)

(사진: 옥상 난간 위에 발을 올려놓음.) (사진: 옥상에서 아래를 찍음.) (사진: 팔목에서 피가 나 바닥까지 뚝뚝 흐름.) (@C-333)

빨리 죽을게, 기다려 6. 20.까지. 방금 약 50개 먹었는데 괜찮겠지, 숨이 갑자기 막혀서 내가 죽어 버리면 얼마나 좋을까, 그냥 내가 죽어 버렸으면 좋았을 텐데, 발작해서 손이 미친 듯 떨린다.(@C-334)

---

108) 이미 며칠 전에 자살 위험자로 신고한 학생이었다. 그래서 특정하는 데 문제가 없었다. 그런데 구조지(사후 관리 부족으로 관리가 허술한 틈을 타서 학생이 약을 주섬주섬 모두 먹고 학원으로 이동하는 중이어서 학생의 안전을 위해서 재차 신고했다.

더 이상 살 이유가 없는 것 같아, 날 싫어하는 사람이 점점 늘고 있어, 점점 더 힘들어져, 그만해 그만하라고 제발, 어제 실패했어, 오늘은 높은 데에서 해 보려고. 재미 있겠다. 제발 이 글이 마지막 글이길, 제발, 모두가 날 버렸어, 모두가.($C-335)

못 버티겠어, 나 뛰어내릴래.(#C-336)

저 오늘 죽어요.(사진: 안녕 내가 이렇게 유서를 쓰게 될 줄은 몰랐다. 내 자신이 너무 지쳤다. 너희들에게 내가 피해를 줄까 봐 너희들의 행복을 망칠까 봐 너무 두려웠다. 오늘은 날씨가 좋고 봄이 아름답고 밖에 바람이 차갑지 않아서 좋아, 내가 떠나기 좋은 날인 거 같아, 울지는 말아 주라 너희 눈에서 흐르는 눈물을 보면 나는 떠나지 못할 거 같거든, 내가 많이 사랑하고 아낀다. 나는 이제 그만 가 보도록 할게, 사랑한다 얘들아 아프지 말고, 고마웠어, 사랑해 줘서 아껴 줘서 소중하다고 말해 줘서.) (@C-337)

오늘 죽을 거예요, 죽는 게 무섭지도 겁나지도 않고 뛰어내리려고요.(사진: 팔에 수십 군데 칼을 그어서 팔에 피가 많이 묻어 있고, 바닥에 피가 고임.) (!C-338)

새벽이 되면 난 없어질 거야. 그동안 잘해 줘서 고마웠어.(사진: 너무 고통스럽고 죽을 것 같고, 내 곁에 좋은 사람들 있어도 나 너무 힘들어. 나도 얼른 하늘에 가고 싶어, 이런 고통 속에서 그만 살고 싶어. 얼른 가고 싶어, 이제 내가 죽을 때가 된 것 같아. 다 나 잊고 살았으면 해. 12시 되면 이제 이

세상에 없는 사람으로…) (#C-339)

사람들이 죽으려고 하는 이유는 수많은 힘듦 때문에 살아갈 목적을 잃어버려서 그래요. 모든 사람이 행복했으면 해, 너무 지쳤어 힘들어.(@C-340)

난 죽고 싶은 게 아니야, 저 하늘로 가고 싶은데 내 몸을 두고 가고 싶을 뿐이야, 그래서 난 나의 별을 내몸에 새겼고 내가 돌아갈 곳은 그곳이라 믿어, 평소보다 더 고요한 그런 새벽인 날이야.(사진: 옥상 난간 위에 두 발로 서 있음.) ($C-341)

선생님하고 약속했는데 입원 전까지 시도 안 하기로, 근데 충동들어, 자살하고 싶다. 그냥 뛰어내릴까, 유서 안 쓰고 그냥 달나라 갈래, 미안해.(#C-342)

마지막으로 자살 시도 할래.(#C-343)

나는 3년 전부터 우울했나 봐, 어릴 적 소원을 써 놓은 곳에 "죽고 싶다"라는 단어가 있어, 자살하고 싶다.(!C-344)

(사진: 바닥에 피가 흥건히 있음.) (사진: 바닥에 줄이있음.), 제일 예쁜 사람이랑.(사진: 벽 쪽으로 천장에 줄이 매듭지어져 있음.) (#C-345)

칼이 잘 들어서 좋다, 죽고 싶어, 오늘 진짜 죽을까, 동맥 끊고 죽

을까.[109](사진: 팔에 자해함.) (#C-346)

도손자해자 중에는 칼로 자해하는 경우가 많다. 그런데 습관성 자해자는 칼을 한 개가 아닌, 그 이상으로 구입할 때가 있다. 그리고 칼이 무뎌서 또는 그날 피가 잘 나지 않으면 짜증내면서 화를 낼 때가 있다. "아 씨발 피가 왜 이것밖에 안 나.", 화를 내는 이유가 무엇인가? 그것은 그동안의 고통이 컸기 때문이다.

아파, 어제 약 과다 복용하고 아침에 일어났는데 기억이 안 나, 언

젠가는 꼭 죽는다. 진짜.(#C-347)

글이 어디서 발견되었는지, 비공개 계정인지, 공개 계정인지, 계정의 활용 정도 등에 따라 암시 글인지를 판단한다. 특히 비공개 계정(상대방의 승인이 필요한 때)에서 발견된 글과, 공개 계정(승인과 관련 없이 공개된 글)에서 발견된 것에는 차이가 있다. 그리고 오래전에 가입했는지, 아닌지에 따라서도 다르다. 각각의 계정마다 그곳의 분위기가 있으며 여러 가지를 파악하면서 최종적으로 암시 글인지 여부를 결정한다

---

109) 도손자해자는 점차 정도가 심할수록 손목으로 내려가면서 자해한다. 그래서 도손자해는 자해 후 피를 뽑는 것으로 결행할 때가 있다. 이것은 자살 방법 중에 하나이므로 내용은 생략한다.

정신과적 치료 중인데 약을 제때에 먹지 않고, 한 번에 과다 복용할 때가 있다. 이것은 그동안 몰래 모은 약이거나, 갑작스럽게 처방받은 약을 한 번에 먹은 것이다. 결론적으로 치료가 제대로 되지 않고 있음을 확인해 준다.

약을 과다 복용 시에는 내성이 생겨 치료가 되지 않을 수 있고, 더 이상 먹을 약이 없어서 재진료 시까지 힘듦이 계속될 수 있다.

이때에는 보호자와 병원에 사실을 알릴 필요가 있고, 적절한 치료 방법이 제시되어야 한다. 만약 약을 과다 복용한 것이 자살할 마음에서 먹은 것일 때에는 결행 의지를 보였기에 신고를 통해서 새로운 치료 계획이 세워지도록 한다.

여기에서 신고 대상이 아닌 것은 "약을 과다 복용했다. 다음에는 더 모아서 먹어야지."라는 것은 약물자해로 그치기에 제외한다. 다만 "약을 과다 복용했는데 실패했다."라고 하면 이것은 자살을 시도한 약물 복용이므로 일반 자해와는 달라서 신고 대상이다.

이것의 판단 기준은 모두 일률적으로 같을 수 없고, 당시 적은 글 등을 모두 종합적으로 판단한다. 왜냐면, 사실은 그가 자살하려고 약물을 복용한 것인데 그러한 글이 누락되었거나, 그 의도를 알리지 않으려고 적지 않았을 수 있어서다.

왜 남들은 행복한 거야? 나는 불행하고 힘들고 죽고 싶은데. 난 진짜 죽으려고 태어났나 봐. 내 생일에 죽으면 특별하겠지, 나 죽고 싶어. 살기 싫어. 이제 하루하루 버티는 게 지옥 같아. 언젠가는 생을

마감하면 이건 다 내 일기장이나 유서가 될거야.($C-348)

'행복'이란 두 글자에서 무슨 생각이 드는가? '웃는다, 기쁘다'라는 키워드가 떠오른다. 반면 불행에 관해서는, '슬프다, 아프다, 눈물 난다'라는 키워드가 떠오른다. 누구든지 행복을 추구하고 싶고, 남이 이루는 행복을 우리 가족도 함께하기를 바란다. 그런데 그러한 행복이 점차 불안한 현상을 보이면 그 가정은 불행으로 다가간다. 이번 기회에 우리 가족들은 행복을 추구하기 위한 삶을 살았는가를 생각해 보자.

우울감이란 참 무서운 것 같다. 아무도 모르게 조용히 다가온다. 몇 년간 버텨 왔어요. 정말 힘들었다. 진짜로 너무 힘들었다. 당장이라도 죽을 용기가 생길 거 같아 유서를 써 보려고 한다.($C-349)

처음으로, 내 배에다가 자해했다.(사진: 배를 칼로 자해해서 몇 군데에 피가 고임.) 미안해요. 다 나 때문인거 같다. 저 3월에 생일인데 그때 자살 시도 하려고요. 다들 나 없이 행복하게 지내 주세요.(#C-350)

(사진: 휴지에 피가 묻어 있음.) 이거 먹고 오늘 죽으려고요. 안녕히 계세요.(@C-351)

나 그만해도 되는 거 맞지? 이젠 그을 곳도 없어 죽고 싶어 그냥

너무 힘들다, 그냥 다 끝내고 죽을래, 하나하나 정리하기.(#C-352)

죽고 싶어 미치겠어. 사실 나 자살 계획하는 중이야, 더는 못 견디겠어, 그냥 죽는다고 이제 나, 이 세상에 한 명뿐인 나는 이제 없다고. 다음 주까진 꼭 죽을 거야.($C-353)

영원히 잠들어서 깨어나지 않게 해 줘, 다시 만나는 그때까지, 먼저 가서 기다릴게, 우리 나중에 꼭 다시 만나자, 내 몫까지 행복했으면 좋겠다.($C-354)

가족과 친구가 보는 건 내 가면일 뿐이다. 더 슬픈 건 내가 힘든 건 아무도 몰라요. 성적이 안 나오면 뭐라고 화내고. 진짜 죽고 싶은데, 내가 가장 사랑하고 좋아했던 분이 돌아가셨을 때가 생각난다. 죽는 것은 무섭지만 계속 살다가는 숨 막혀서 괴로워 죽을 것 같다. 내가 사랑하는 사람에게 가고 싶다.(@C-355)

어쩌다 보니 걸어서 여기까지 왔네, 어디서 죽어야 될까.(사진: 길에서 찍은 지역 이정표.) (#C-356)

목매달면 얼굴 붓나, 너무 죽고 싶어, 오늘 새벽에 죽어 버릴까, 너무 힘들어, 너무 외로워 그냥 죽을까.(#C-357)

약 한 통 다 먹었어, 나 죽을래, 투신자살하고 싶어요. 꼭 예정일이 되면 죽어 버릴거야, 목 그어야지.(#C-358)

이번 연도에는 더 이상 아프지 말자 제발, 종이에 내 마지막 마음을 토해 냈다. 나는 이제 안녕.(사진: 배경이 검은색.) (#C-359)

언제부터 잘못된 건가, 자살하고 싶다.(사진: 팔을 자해 후 바닥에 피가 흥건하다.) 이젠 죽고 싶다. 진짜 밝은 척해도 다 떠나는데 못 버티겠어 진짜 울고 싶어.(#C-360)

(사진: 팔에 수십 군데 자해해서 피로 젖어 있다. 바닥에도 흥건하다.) 더 비참해지기 전에 그만 끊는 게 맞는 거지 그치? 오늘 밤 없어지고 싶다. 목을 매달까 하는 충동적 생각이 들어.(사진: 감정 기복이 심하다, 기분이 좋다가도 작은 일에 우울하고 불안하다, 사람에게 미움 받는 게 너무 무섭고 힘들다. 누군가가 웃으면 나를 보고 비웃는 것 같고 뒤에서 내 욕을 하는 것 같다. 불안하다. 모든 사람에게 사랑받을 수 없다는 걸 알지만 그래도 힘들어요. 나를 싫어하는 사람을 못 보겠어요. 무서워요.) (#C-361)

이젠 행복하길, 안녕.(사진: 고층에서 아래를 찍은 사진.) (#C-362)

죽고 싶다. 진짜 죽고 싶어 미치겠고 자신이 없어요. 무섭고 괴로운 게 가족이고, 차라리 정신병원에 있고 싶고, 겉으로만 계속 웃으

니까 고통스러워요.(#C-363)

난 잘 모르겠어. 마지막일지 몰라. 날 고치려 하지는 마. 더 아프게 할 테니. 더 슬플 테니. 차가운 내 마음을 더 따뜻하게 감싸 줘, 마지막 모습을 잔잔하게 밝은 미소를 지어 줘, 지금 이 미소를 지어 줄래, 내가 기억하도록, 다시 널 안을 수 있도록. 이제 빛이 꺼질 듯 해. 너무 슬퍼하지는 마, 안녕, 나 응원해 준 모든 분들 잘 지내요. 많이 보고싶을 거예요. 내 사람들 잘 있어요.(#C-364)

우울증인지는 모르겠는데 매일 죽고 싶다 생각이 들고 자해도 하고 진짜 매일 힘든데 다른 사람 앞에서는 항상 억지 웃음을 보이니까 주변에서 만만하게 봐서 더 힘들고 매일 죽고 싶어, 진짜 왜 살까요? 안 태어났으면 이렇게 안 힘들 텐데, 진짜 다 포기하고 마음 편하게 조용히 묻히고 싶다.(#C-365)

곧 자살할 건데 할 말 있나요. 자살 시도 한 달째 세 번째이고 이번에는 확실하게 하려 합니다. 어떤 말을 해도 절 살릴 수 없어요. 굳게 마음먹은 상태입니다.(#C-366)

곧 자살하려고 합니다. 목매달아 죽으려고 하는데 밧줄 구하기 쉽지 않아서 스타킹을 매듭지어서 죽으려고해요.(#C-367)

진짜 이렇게 살기 싫다. 감정이 주체가 안 되는데 어떡하지. 시험 공부 하고 있는데 계속 눈물 나고 죽는 거 말고 답이 없는 거 같은데 나 진짜 죽어야 하나, 이번 달을 넘길 수 있을까.(#C-368)

내가 힘든 건 누가 알아줬음 하면서 남들 아픈 건 내가 알아서 판단해, 내가 너무나 혐오스러워. 제발 빨리 죽었으면, 수면 유도제는 어느 정도 먹어야 죽을까, 안녕.(#C-369)

살기 싫다, 살기 싫다, 내 유서에는 이 두 마디가 가득할 것이다. 죄송해요. 미안해, 유서를 쓸 생각하니 마음이 무너졌다. 유서를 쓰려는데 서글퍼져 나 죽고 싶지 않아, 그런데 죽어야 해. 난 이 생을 감당할 자신이 없어.(#C-370)

진짜 많이 다쳤어요. 미안해요, 죽으려고 그은 거예요. 그냥 미친 듯이 울면서 그었는데 내 자신이 통제가 안 되네요. 미안해요, 약한 모습만 보여 줘서.(사진: 팔에 피가 잔뜩 묻어 있음. 바닥에 피가 흥건하고, 종이컵에 피가 들어가 있음.) 오늘 죽어야지. 번개탄 샀으니 이번엔 성공할 수 있겠지.(사진: 번개탄.) 내가 죽어도 내 장례식에 와서 울지 말아 줘, 그냥 많이 힘들었구나 하고 생각해 줘, 주변 사람들이 슬퍼할 거 알면서까지 극단적인 선택을 한 건 못 버틸 정도로 힘들어서 그랬구나 하고 생각해 줘 부탁이야.(#C-371)

수면제 몇 알 정도 먹으면 편하게 갈 수 있나요.(#C-372)

내가 너무 한심해서 오늘 자살 도전해 보려고요.(#C-373)

자해를 아무리 해도 이제는 더는 못 하겠어. 자해로도 안 풀리는데 자살이 답인 거겠지.(사진: 팔에 수십 군데 자해해서 피가 굳음.) (#C-374)

딱 죽기 좋은 날일까, 설렌다. 세상이 날 죽으라고 기회를 만들어 주고 있어. 내가 실행으로 옮기기만 하면 돼, 유서를 미리 써 놨어, 내가 죽고 싶어서 죽는 게 아니라 세상이 날 죽음으로 몰아가. 날 죽으라고 등 떠밀어, 안녕 이건 내 유서야, 일단 다들 어떻게 생각할지 모르겠어. 내 장례식은 안 했으면 좋겠어. 화장 제일 싼 곳에서 해서 납골당도 하지 말고 대충 아무 데나 뿌리거나 버리거나 암튼 돈 안 드는 걸로 해 줘. 죽어서까지 돈 들면 너무 민폐잖아, 장례식 비용 모으고 싶어서 알바하고 싶었던 것도 있는데 엄마가 반대해서 못 할 거 같아, 그니깐 만에 하나 정말 장례식을 꼭 무조건 해야겠다 한다면 가장 간소하게 치러 줘. 3일 하지 말고 하루만 간단하게 해서 장소도 큰 곳에서 하지 말고 작은 곳에서 미니 장례식처럼 해줘, 돈 들게 해서 미안해.(#C-375)

친구가 어제 블라인드 당기는 줄에 목 걸어서 자살 시도를 했대요.

기절을 하고 싶었다면서 "난 재능이 없다, 외모도 별로다." 하면서 자신을 자꾸 깎아내리는 말을 하고요. 정말 자살한다면 죄책감에 시달리다가 저까지 자살할 것 같고 그냥 너무 무서워요. 커터 칼이 자기 몸을 베는 게 자동으로 자기 의지와 상관없이 상상이 된다고 했어요. 머리카락 다 뜯어 버리고 싶다고도 하고, 무서워서 제가 다 미치겠네요.(#C-376)

친구가 자살을 암시할 때가 있다. 이때 선생님이나 어른들에게 이를 알려야 하는데, 그러지 않고 위로의 말만 건네는 걸로 그칠 때가 많다. 왜냐면 오히려 친구가 더 힘들어 할 것이라는 생각에서다.

그런데 이를 방치해서 친구가 자살에 이른 때에는 죄책감에 시달리게 된다. 그래서 친구가 자살 암시를 보인 때에는 이를 적극적으로 알리도록 한다.

기억나는 사례로 한 고등학생이 있다. 밤마다 죽음과 자살을 암시하는 글을 적고 낮에는 모든 글을 삭제하면서 고통의 나날을 보내고 있었다. 글이 매우 위태로웠고 간신히 학생의 정보를 특정해서 신고했다.

그런데 그 학생의 친구들이 번갈아 가며 메시지로 "무슨 이유 때문에 신고했는지는 이해하는데 이 사실을 알면 부모님이 더 힘들어할 것을 몰랐냐, 우리도 친구가 자살한다고 해서 옆에서 힘내라고 위로해 주고 있는데 왜 신고했냐."라고 보냈다.

이렇듯, 친구의 자살 암시를 알면서도 주위 어른들에게 도움을 요청하지 않는 경우도 꽤 많아 보이는 만큼, 친구의 암시를 적극적으로 알리는 것이 필요하다.

청소년의 자살률을 줄이기 위해서는, 만약 친구가 말한 것이 자살 암시로 생각된다면 주위 친구들이 이를 어른들에게 알려야 한다. 그러면 충분히 자살률을 줄일 수 있다. 왜냐면, 죽기 전에 친한 친구에게만큼은 자신의 마지막을 알리는 경우가 많기 때문이다.

> 곧 자살할 계획이라 공부가 손에 안 잡힌다. 뭔가 곧 죽으려고 계획 세우다 보니까 곧 죽을 거 공부해서 뭐 하게 하는 생각이 들어. 막상 죽는 상상하면 내가 진짜로 죽을 수 있으려나? 이런 생각도 들기는 하는데 시험 2주 남았는데 한 거 거의 없고 비싼 과외 돈 아깝고. 변명으로 들릴 수도 있는데 뭔가, 음, 진짜로 내가 이걸 왜 하고 있지 하는 생각밖에 안들어, 학교에 다른 애들 공부하는 거 스토리 보고 그러면 자극되긴 하는데.(#C-377)

자살자들이 결행 전까지 보이는 모습은 다양하다. 어떤 사람은 죽기 전에 나름 최선을 다하고자 하면서 삶을 마감하는데, 아주 차분한 모습을 보이면서 일상적인 일을 한다. 반면에 어떤 사람은 결행 전까지 아무것도 하지 않으면서 죽을 날만 기다린다. 이왕에 죽을 것 무엇을 해도 의미가 없기 때문이다. 결행율이 높은 사람은 '아무것도 하지 않는사람'이다. 이런 사람은 죽을 날까지 마치

임종을 맞이하는 듯한 행동을 보인다.

죽을 거예요. 나에게는 더 이상 희망이 없고, 절망뿐이에요. 부모님한테 정신과 비용 등 이거 감당하게 하는거 너무 미안하고 못난 자녀라서 죄송해요. 어쨌든 안녕히 계세요. 즐거웠어요.(#C-378)

친구가 우울증 판정을 받았어, 그 친구의 손등도 난도질 되어 있었어. 그 친구를 보면 그냥 눈물이 나와, 유서를 다 작성했어. 근데 유서에 남길 것도 없어서 더 억울해.(#C-379)

유서 쓰면서 우는 중. 너무 힘들었어 지금까지 너무 오래 버텼다. 이젠 다 지치고 힘들어. 인생 처음 시작부터 지금까지 참 다사다난했네, 인생 짧지만 길었다.(#C-380)

정신과 가고 싶음 제발, 근데 저번에 우울한 거 말씀드렸을 때도 그렇고 기록 남는다고 무조건 반대 심하게 하실 것 뻔하니, 그저 가능한 빨리 죽을 예정이야. 옥상.(사진: 옥상에서 찍은 전경.) 지금 난간에 앉아 있는데 조금만 있을래. 우울이 기력까지 미친 듯이 잡아먹는구나, 글을 쓸 기력도 없어, 유서 써야지, 편지지 전부 다 썼네, 전부 다 유서야.(사진: 편지지.) (#C-381)

투신자살하려는데 6층에서 뛰어내리면 안 죽겠지?(#C-382)

(사진: 손과 발을 손톱으로 뜯어서 상처난 사진들.) 오늘 한강에서 뛰어
내린다.(#C-383)

친구 관계도 지금 안 좋은 상태고 주변에서 가족 이야기 나오면
눈물만 나온다. 내가 진짜 사춘기여서 그런건진 모르겠지만 환청도
가끔씩 들린다. 계속 내 이름을 ○○야, 하고 부른다. 커터 칼이나 가
위 같은 걸로 손목 긁어서 흉터? 남는 정도로만 한 적은 있긴 한데,
자살 생각을 항상 한다.(#C-384)

조금만 팔 긋고 올게요. 손톱으로, 자살 시도 여러 번 했는데 실패
했어요. 다 포기하고 죽고 싶어요.(#C-385)

다들 미안해, 이런 내 자신이 너무 비참하고 자괴감에 빠져서 도저
히 방법이 없어. 모두들 잘 살아 나처럼 아프고 상처받지 말고, 진심
으로 빌게.(사진: 손목을 그음.) (#C-386)

나 우울증인데 엄마가 아니래, 재수 망하고 손목 긋고 싶어서 칼
갖다대고 숨 쉬는 것도 힘들고 맨날 자살 글만 쳐다보고 죽은 사람
부러워하는데, 진짜 이러다간 자살할 것 같아서 엄마한테 조심스럽
게 우울증인 거 같다니까 난 절대 우울증 아니래, 쉽게 걸리는 병이
아니라는데, 내가 자살 시도라도 해야지 믿어 주나.(#C-387)

너무 힘들어서 내려놓으려고요. 갈 때 가더라도 뜻있게 가고 싶어서 투신자살을 하고 싶어요.(#C-388)

나도 너무 죽고 싶어, 죽으려고도 했어. 근데 막상 죽으려고 하니까 두렵더라, 죽는 게 쉬운 게 아니더라, 저 오늘 죽어요.(#C-389)

죽자, 죽자, 죽자, 죽자, 죽을래, 미안해서 어떻게 살아.(사진: 칼을 목에다 대고 그음.) (#C-390)

내가 계속 살아도 될까, 아무리 생각해도 모르겠어 왜 살아야 하는지. 살기 싫어, 다 귀찮아, 내 생일날 죽기로 약속했는데 점점 다가오는데 나 할 수 있을까.(#C-391)

살기 싫어요. 죽는 법 좀 알려 주세요.(사진: 팔에 자해해서 피가 고임.) (#C-392)

인터넷 검색해 봤는데 공황장애가 맞다고 한다. 제가 친구나 부모님에게 말하면 안 믿을 거다. 자살도 많이 생각해 봤어요 일주일에 네 번 정도는 생각해요. 주변사람들은 내가 긍정적인 줄 알겠지만 전 매일 부정적이에요. 죽고 싶은데 내가 죽는다면.(#C-393)

자살 시도와 자살 지도를 했었습니다. 너무 힘들어서 한 번씩은 정신과 가야 하나 하는 생각을 해 본 적 있고, 그냥 빨리 죽고 싶다. 내 감정들이 없어져 버렸으면 좋겠다, 내가 살아 있는 이유는 뭘까, 하루에 수십 가지를 생각하고 그냥 내가 미쳐 버릴 것만 같다. 내가 살아갈 수 있을까.(#C-394)

투명인간 취급당하고 있다. 무엇 때문에 불안한지는 모르는데 가끔씩 불안해지고 자해 충동을 느낀다. 목을조르거나 손목을 그으면 괜찮아진다. 눈썹 칼 가지고 가서 그어요. 그럴 때마다 죽고 싶어요. 요즘은 유서도 쓰고 있다.(#C-395)

죽을 때 아플까요. 한 번에 즉사하면 고통을 안 느낄 수 있는지, 아니면 계속 고통을 느낄까, 겁나서 미루는 중이다.(#C-396)

요즘에 인생이 살기 싫다. 내가 왜 사는지 모르겠고 계속 자살이나 자해를 하고 싶다. 아무 이유 없이 슬퍼지고 엄청 울고 싶은데 나 혼자 방을 쓰는 게 아니라서 울지도 못하겠고, 내가 자살하면 집은 편안히 잘 살 것 같다. 그냥 자살하고 싶다. 그냥 자살하면 남아 있는 가족들이 많이 힘들 건 알지만 그래도 그냥 인생이 살기 싫다.(#C-397)

다음 날 아침에 내가 목에 비닐 감고 바닥에 쓰러져 있으면 엄마가 뭐라 생각할까, 남은 애 하나라도 잘 키워야겠다 생각할까 아니면

나 같은 거 하나 죽어서 골칫덩이 하나 사라졌다고 생각할까. 아빠는 어쩌지 나 죽으면 비행기 타고 와야 하는데 뭘 해도 피해만 주는 구나 나는.(사진: 질식용 비닐을 손으로 잡음.) (#C-398)

고1 때부터 우울증 겪어 왔는데 이제 더 이상 버티기 힘들다. 그만 하고 싶다. 나한테 관심하나 없고. 가족들에게 유서를 써 놓고 가고 싶다. 그냥 컴퓨터에 남겨 놓고 가야겠다.(#C-399)

님들 저 옥상 갈게요. 3일 안에 안 오면 이것이 마지막 글이겠 죠.(#C-400)

Part **6**

끝으로

책을 마치며

———

　이 세상에서 제일 값진 것은 생명이다. 사람의 목숨보다 더 소중한 것은 없다. 청소년은 어른들의 무관심과 방임으로 자살을 결심할 때가 있는 만큼, 우리 어른들의 책임은 반드시 수반되어야 한다. 물론, 이에 사회적 책임이 있는 정부와, 관련 부처도 마찬가지다.

　지금까지 청소년의 자살률을 줄이기 위해서 관련 기관 등에서 많은 노력을 했지만 앞으로 어떠한 자살 예방을 현실적으로 할 것인가는 고민해 봐야 한다.

　이제 자살률을 줄여야 한다. 아니, 소중한 청소년 단 한 명의 목숨도 잃지 않도록 노력해야 한다는 말이 맞다. 이제는 모든 어른들이 관심을 보일 때다.

　청소년에게 자해는 죽음의 첫걸음으로서, 점차 죽음을 생각하면서 자살 생각에 이르고, 순차적인 자살 순환을 거치기도 하고, 자살 충동에 이르는 주요 원인이 될 수 있다. 성인의 자살 예방에서는 자해 예방이 우선시되지 않지만, 청소년만큼은 자해 예방을 위한 자살 예방 대책안이 만들어져야 한다.

자살을 막지 못한 이유가, 여러 가지의 동기에서 살펴볼 수 있다. 그런데 자해를 너무 간단히 보고 있다. 이러한 의미에서 우리 꿈나무인 청소년들이 무엇 때문에 자살을 선택하는지, 그 전에 보이는 행동과, 자해의 종류들을 세심하게 다루면서 자해에 대한 깊이 있는 논의가 필요하다.

우리 사회에서는 청소년들이 어린 나이에 생명을 극단적으로 끊는 안타까운 일들이 발생하고 있다. 왜 자신의 생명줄을 놓아야 하는가? 왜 생목숨을 끊어야만 하는가? 사람은 누구든지 죽는 것인데, 순서가 되면 당연히 가는 길인데, 왜 남들보다 더 빨리 이승을 떠나야만 하는가? 또한 자살 후 유가족은 물론이고, 같은 학교 친구와, 학급, 교실 내에서도 그의 죽음을 애도하는 과정에서 또 다른 자살 위험자가 나올 수 있다.

이제는 이론적인 측면으로 접근하는 것에는 한계가 있다. '극단적 선택을 어떻게 해야 막을 수 있는가'를 깊이 있게 방법론적으로 접근해야 한다.

처음부터 우울증을 가지고 자해하고 싶어서 태어난 사람은 없다.

청소년의 자살 원인은 매우 다양하다. 가정 내의 문제, 특히 이혼 가정이거나 한 부모 가정 내의 문제, 학교 내의 문제, 학교 성적, 진로 문제 등이 있다.

청소년의 자살에서 자살 징후가 있었냐 없었냐로써 이유 없는 죽음이라는 결론을 내리기도 하는데. 지금까지 자살 동향을 살펴볼 때 이유는 반드시 있었다. 그런데 그것을 어른들이 알지 못했을 뿐이다.

청소년은 자신의 힘든 사정을 친한 친구에게는 말을 한다. 그런데 그 친구는 '힘들어서 그런가' 하는 생각과 불안감을 가진다. 친구에게 "나 오늘 죽는다."라고 할 때, 죽기 직전에 마지막으로 메시지를 남기지 않은 이상 그것은 그냥 자살 징후가 있다는 것이지, 정말 오늘 죽을지를 확신하지 못하기 때문이다.

자살할 사람은 더 이상의 희망도 없고 삶에 의욕이 없어서 결국 극단적 선택에 이른다. 그들은 죽기 전에 예행연습으로 거듭 시도한다. 이때 이것으로 그쳐야 하는데 힘이 들 때마다 예행연습이 계속되면서 자신이 죽어야 한다고 다짐한다. 이것이 마음의 정리이면서 죽겠다는 확고한 마음이다. 마음을 정리한 사람에게 "힘내라, 살아라."라는 말은 더 이상 귀에 들어오지 않는다.

그가 자살하기 전에 막아야 하는데 사실상 그 정도의 심각성을 알지 못하면서 그대로 방치될 때가 있다. 아니더라도 쉼과 가료 및 안정을 취하고 싶어 한다.

보호자의 반대로 정신과에서 약물만 복용하는 청소년은 계속적인 약물 투여로 회복해야 하는데, 부모에게 들키지 않기 위해서 밤에 자해 등을 하면서 버텨 온다.

서서히 자해를 하다가, 약물 복용과 자해를 하는 이른바 '약물자해'를 하는 행태를 보인다. 그런데 이러한 아이를 구조하면, 즉후에 하는 말은 다양하다.

"나와라. 누가 나 신고했나. 새벽에 경찰이랑 구급차 와서 응급실 갔다. 부모님이 자살 시도한 것 알아서 울고, 집에 난리 났다."라는 글들이 보인다.

그 후 요구조자가 글을 적는다. "저 이번에 병원에 입원해요. 학교 당분간 못 다니고 연락 당분간 안 될 예정이에요. 다들 감사해요. 건강해져서 돌아올게요. 신고해 준 사람 감사합니다. 덕분에 엄마가 입원 허락했어요. 급해요. 폐쇄 병동 꿀팁 좀, 가방 싸고 있어요."라는 글을.

물론, 부모의 입장에서는 마음이 편치 않을 것이다. 그렇지만 모든 것을 보호자의 관점에서 보면 안 되고 대상자의 관점에서 바라봐야 한다.

지금까지 감시 활동 중에 신고한 아이들의 상당수는 '입원에 대한 고마움'을 표시했다.

지금은 그의 진로, 장래, 미래로 받아들이기는 힘들겠지만, 그러다가는 어느 순간 다시는 돌아올 수 없는 그 먼 길을 떠나게 된다는 것을 기억해야 한다.

자살을 나쁜 짓이라고 비난할 수 있을까? 그렇지 않다. 자살은 고된 아픔을 통해 그 아픔을 떠안고서 세상을 등지는 것이고, 결행을 준비하고 결행 시까지 나름 그 아픔을 견디다가 아프게 세상을 떠나는 마지막 죽음이다. 그래서 자살은, 나쁜 것이 아니라 '아픈 것'이다.

이러한 아픔이 있음에도 왜 죽어야 하는가를 생각해 보자. 그것은 버티고 버티다가 끝내 해결책이 없어서다.

그럼 예방을 위해서 무엇이 필요한가? 그것은 우리 사회와 어른들이 청소년들에게 버팀목이 되어 주는 것이다. 기댈 수 있고 의지하고, 어려운 것이 있으면 말할 수 있도록 하는 것이다.

제1의 조력자가 보호자이면서 2의 조력자가 친구라면, 그들이 조력할 수 있도록 버티도록 돕는 것은 사회적 책무다.

자살? 이제 한번 되돌아볼 때다. 우리는 청소년의 자살률에 대해서 궁금해할 뿐이고, 그것에 대한 해결책의 제시는 부족하다.

집필 예정인 책 소개

✦

세 번째로 쓸 책에서는 성인의 자살을 다루어 볼 예정이다. '그동안 떠난 동반자들의 마지막은 행복했을까?' 그리고 혼자 자살한 사람들은 어떠한 심정이었을까? 이중에 군인도 포함되어 있다(최근 신고한 암시예시: "부사관이며, 매일 밤마다 자살기도 하거나 심하면 군화줄에 목을 매달려고 시도합니다. 이제는 정말 참기 힘들어서 놓고 싶다"). 성인의 자살은 자살을 줄이기 위해서 우리 사회가 무엇을 해야 하는가의 답이 제시될 것으로 기대해 본다.

자살을 줄이기 위한 방법론적 접근 방법 고찰

목차

1. 주제
2. 방법론
3. 내용
4. 결론

참고 문헌

초록Abstract

청소년의 자살률을 줄이기 위해서 어떠한 방법으로 접근해야 하는가를 알아본다. 자살 예방을 위해서 다양한 접근 방식들이 있으나 이제는 시대의 배경에 맞게 다른 방법론적으로 접근해야 한다.

자살 예방의 효과를 높이기 위한 방법과, 생명을 지키기 위해서 무엇이 필요한지를 이번 연구 계획서를 통해서 알아본다. 연구는 이미 알려진 사례 위주로서 표본하고, 새로운 방법의 필요성만 연구 주제로 삼았다.

주제어Key Word: 청소년 자살 예방, 접근 방법

1. 주제

사람의 생명보다 소중한 것은 없으며 극단적 선택을 하는 사람들을 적기에 구조하는 것은 사회적 책무다. 이러한 책무에 대해 많은 사람들이 노력하고 있으나, 정작 자살률은 크게 줄어들지 않는다. 그래서 자살을 생각하거나, 자살을 시도하는 경우가 있는데, 과연 이들에게 어떻게 접근해야 하는지의 답을 찾아내고자 탐색하려고 한다. 이에 뒤이어 성인 자살을 연구하기 위한 질적 연구들이 논의되기를 바라는 마음이다.

2. 방법론

현실적으로 자살할 청소년과 접근할 때 어떠한 접근 방법이 효과적이면서 그들이 바라는 것이 무엇인가를 확인하기는 어렵다.

그래서 청소년의 자살자 신고 및 구조된 현황과 같은 실태 자료를 인용했다. 이러한 방법론은 기존 자료를 탐색하면서 새로운 방법을 찾는 것에 초점을 두었으며, 이를 표본화한 것은 암시예시 위주로 기존 사례를 활용하는 방법을 선택했다.

3. 내용

(1) 현재의 방법이 효과적인지 알아보기

자살 예방은 사전적, 사후적 예방으로 이루어진다. 사전에 자살하지 못하도록 막기 위한 예방적 차원과, 사후에 재시도를 하지 못하도록 하거나, 이를 줄이기 위한 예방 활동이다. 이러한 예방은 어느 나라에서나 공통적으로 하고 있는 기본적인 방법 중에 하나다. 그런데 '자살공화국'이라는 불명예를 안고 있고, 이러한 통계로만 보면 우리나라에서 자살 예방을 하는 것은 달라져야 한다는 것은 절실히 누구든지 알고 있다.

(2) 사춘기인지 우울증인지를 구분하기

자살을 생각하는 사람 중에 자신이 사춘기라는 착각 속에 이를 받아들이지 않을 때가 있다. 반면에 자신이 우울증이라는 것을 알면서도 적극적으로 해결점을 모색하거나, 우울증인지의 다양한 테스트를 통해서 자신의 위험성을 구분하는 사람도 있다. 또한 청소년이 이것이 마치 사춘기라는 것만을 인식하고 소극적으로 대응하거나, 혼자서 이를 극복하기도 한다. 그래서 사춘기와 우울증의 증상들을 스스로가 자각하고 도움을 받을 수 있는 방법적 모색이 필요하다.

(3) 부모와, 학교, 친구가 자살 위험자 관리하기

자살 위험자임을 알고 있음에도 부모가 상황을 심각하게 받아들이지 않거나, 학교에서는 상담이 이루어질 뿐, 다양한 도움은 사실상 어려운 실정이다. 또한 친구가 자살 위기에 있는 친구에게 위로만 할 뿐이지 그것에 대해 주위에 도움을 청하지 않으면서 자살을 막지 못할 때도 있다. 그래서 각 상황에 처해 있는 주변 사람들이 자살 위험자를 어떻게 관리할 것인가의 답을 찾는 것은 중요한 부분이다. 이것은 각자가 역할을 달리하고 있어서 다양한 접근 방법이 필요성을 느낀다.

4. 결론

자살을 예방하기 위해서는 기존의 방법으로는 해결되기 어렵다. 그래서 위기에 처해 있는 청소년을 위해서 다양한 접근 방법론을 통해서 접근해야 한다. 이번 감시방법론적 접근을 보면 기존의 상담 분야와 감시방법론은 별개의 연구 분야로 삼아야 하는 것임을 분명히 하고 있다.

하나의 접근 방법만이 아닌 어떠한 상황에 처해 있는 청소년에게 도움이 될 수 있는 접근 방법론이 필요하다. 본 방법론적 고찰에서 쓴 것은 새로운 접근 방법이 필요하다는 것을 전제하고, 이를 논의하기 위한 주제로, 앞으로 자살 예방에서 중요하게 자리 잡기를 바라는 마음이다. 또한 이것은 전 세계적으로 자살 예방에서 다양한 접근 방법론이 자살률을 줄이기 위해서 필요하다는 것을 인식하는 계기가 될 것이다.

참고 문헌

유규진, 『세상에서 가장 슬픈 청소년의 자살 실태 이야기』, 북랩 (2020)

유규진, 『죽고 싶은 아이들을 살리기 위해서』, 북랩(2021)